운명을 바꾼 결단

The Decision

가스펠북스

들어가며

룻기는 룻이라는 이방 여인에 대한 이야기입니다. 여기에는 이방 여인이었던 룻이 어떻게 언약의 백성이 되어 예수님의 족보에까지 오를 수 있었는지에 대한 말씀이 잘 기록되어 있습니다. 룻기의 마지막 부분을 보면, 룻과 보아스를 통해 아들이 태어났는데 그가 오벳이고 이 오벳이 다윗의 아버지인 이새를 낳았다고 기록되어 있습니다. 룻이 다윗의 혈통이자 메시아의 혈통을 이루는 놀라운 축복을 받았던 것입니다. 이방 여인 룻의 이야기를 통해 우리는 하나님께서 이스라엘 백성들만의 하나님이 아니라 지구촌 모든 민족의 하나님이 되신다는 사실을 알 수 있습니다.

룻기는 네 장으로 구성된 매우 짧은 말씀입니다. 하지만 그 안에 담긴 영적 교훈은 매우 큽니다. 특히나 고난과 역경의 삶을 어떻게 헤쳐나가야 하는지에 대한 영적인 답이 담겨 있습니다. 우리가 지금 코로나19 팬데믹으로 인해 힘든 시기를 살아가고 있습니다. 이런 위기를 극복할 영적 이정표를 제시하고 있는 것이 바로 이 룻기 말씀입니다.

룻기의 핵심은 바로 선택의 중요성입니다. 인생은 선택의 연속이라고 할 수 있습니다. 삶 속에서 우리에게는 무언가 선택을 해야 할 상황이 계속해서 생깁니다. 그런데 그 상황에서 어떤 선택을 하느냐에 따라 우리의 삶은 완전히 달라집니다. 이 책을 통해 독자 여러분이 선택의 상황 속에서 무엇을 택해야 할지 영적인 해답을 얻게 되시기를 예수 그리스도의 이름으로 축복합니다.

2021년 11월

예원교회 擔任牧師 丁 恩 柱

룻

운명을 바꾼 결단

The Decision

룻

The Decision

운명을 바꾼 결단

Chapter 1

회피가 아닌 직면

[1]사사들이 치리하던 때에 그 땅에 흉년이 드니라 유다 베들레헴에 한 사람이 그의 아내와 두 아들을 데리고 모압 지방에 가서 거류하였는데 [2]그 사람의 이름은 엘리멜렉이요 그의 아내의 이름은 나오미요 그의 두 아들의 이름은 말론과 기룐이니 유다 베들레헴 에브랏 사람들이더라 그들이 모압 지방에 들어가서 거기 살더니 [3]나오미의 남편 엘리멜렉이 죽고 나오미와 그의 두 아들이 남았으며 [4]그들은 모압 여자 중에서 그들의 아내를 맞이하였는데 하나의 이름은 오르바요 하나의 이름은 룻이더라 그들이 거기에 거주한 지 십 년쯤에 [5]말론과 기룐 두 사람이 다 죽고 그 여인은 두 아들과 남편의 뒤에 남았더라 _룻기 1:1~5

정면 돌파

앞의 성경 말씀은 룻기의 서론과도 같습니다. 여기에는 베들레헴에 살고 있던 엘리멜렉 가정의 선택에 대한 이야기가 나옵니다. 엘리멜렉 가정은 베들레헴에 닥친 흉년을 피해 모압 지방으로 이주하는 선택을 했습니다. 그런데 이 선택은 올바른 것이 아니었습니다. 문제와 사건이 닥쳤을 때 '회피가 아닌 직면'을 해야 함에도 그것을 피하려고만 하는 바람에 비참한 결과를 초래하고 말았습니다.

여기서 우리는 신앙생활을 함에 있어서 올바른 영적 자세가 무엇인지를 깨달아야 합니다. 바로 '회피가 아닌 직면'입니다. 문제와 사건이 닥쳤을 때 그것을 회피한다고 해서 그것이 그냥 지나가지 않습니다. 아무것도 해결되지 않은 상태로 남아 있을 뿐입니다. 회피는 영적 성장에 방해가 됩니다. 문제를 더 크고 복잡하게 만듭니다. 문제와 사건이 오면 우리가 어떤 환경과 형편에 있든지 그것에 직면해야 합니다. 하나님 앞에서 당당하게 문제와 사건을 마주 보아야 하는 것입니다. 그래야만 그것이 빨리 해결되고 영적 성장을 이룰 수 있습니다. 성령의 사람은 어떤 고난이 닥치더라도 그것을 정면 돌파합니다. 하나님 인도 속에서 모든 문제와 사건을 정면 돌파해 나가시기를 바랍니다.

회피하는 불신앙

사사들이 치리하던 때에 그 땅에 흉년이 드니라 유다 베들레헴에 한 사람이 그의 아내와 두 아들을 데리고 모압 지방에 가서 거류하였는데 그 사람의 이름은 엘리멜렉이요 그의 아내의 이름은 나오미요 그의 두 아들의 이름은 말론과 기룐이니 유다 베들레헴 에브랏 사람들이더라 그들이 모압 지방에 들어가서 거기 살더니 _룻기 1:1~2

룻기의 저자들은 당시의 시대적 배경이 영적 암흑기였던 사사 시대였음을 밝히고 있습니다. 사사 시대의 이스라엘 백성들은 하나님 말씀에 순종하지 않고 자기주장대로 하다가 결국 멸망을 당했습니다. 이렇게 영적으로 황폐했던 당시에 흉년까지 들었습니다. 영적으로도 육적으로도 암흑기였던 것입니다. 그런데 구약 시대에는 흉년을 단순한 자연현상으로만 보지 않았습니다. 흉년이 드는 것과 같은 심한 재난이 닥치면 그것을 하나님의 징벌로 여겼습니다.

이런 시대적 배경 속에 살고 있던 베들레헴의 엘리멜렉 가정은 흉년이 들자 자신들의 땅을 떠나 이방 나라인 모압으로 가는 선택을 했습니다. 자신에게 닥친 문제와 사건을 영적으로 해석하지 못하고 육신적 선택을 했던 것입니다. 그러자 그 결과가 어떻게 나타났습니까?

나오미의 남편 엘리멜렉이 죽고 나오미와 그의 두 아들이 남았으며 그들은 모압 여자 중에서 그들의 아내를 맞이하였는데 하나의 이름은 오르바요 하나의 이름은 룻이더라 그들이 거기에 거주한 지 십 년쯤에 말론과 기룐 두 사람이 다 죽고 그 여인은 두 아들과 남편의 뒤에 남았더라 _룻기 1:3~5

엘리멜렉과 두 아들이 죽고 시어머니와 며느리 둘은 과부가 되었습니다. 고난이 닥쳤을 때 그것을 영적으로 바라보지 못하고 육신적 선택을 한 이 가정에 비극적 사건이 연속해서 일어났던 것입니다. 가장이었던 엘리멜렉이 먼저 죽고 결혼한 두 아들도 자식을 낳지 못한 채로 죽고 말았습니다. 엘리멜렉의 두 아들은 말론과 기룐이었습니다. 말론은 '아프다'라는 뜻이 있고, 기룐은 '상실하다'라는 뜻이 있는 이름입니다. 그들은 영적인 질병 상태에서 모든 것을 잃어버린 삶을 살았던 것입니다.

이 엘리멜렉 가정의 선택은 회피였고 불신앙 그 자체였습니다. 여기서 우리가 잘 보아야 할 것이 있습니다. 회피와 불신앙은 서로 떼려야 뗄 수 없는 관계라는 사실입니다. 문제와 사건이 닥칠 때 왜 회피하게 되는 것일까요? 바로 불신앙하기 때문입니다. 불신앙의 눈으로 문제와 사건을 바라보기 때문에 그것이 더 커 보이고 결국 회피하게 되는 것입니다.

구약 시대를 연구한 학자 윌리엄 올브라이트 박사는 엘리멜렉 가정의 선택에 대해 다음과 같이 설명했습니다. 그에 따르자면 고대 중동 지방의 사람들은 자신들이 살던 고향을 떠나는 것이 결코 쉬운 일이 아니었다고 합니다. 당시에는 지방마다 섬기는 신이 달랐기 때문에 고향을 떠난다는 것은 곧 자신의 신을 떠나는 것과 같았다는 것입니다. 결국 엘리멜렉이 모압으로 가는 것은 베들레헴에서 믿던 하나님을 떠나 모압의 신인 그모스를 섬기러 가는 행위였습니다. 그러니 이 엘레멜렉의 선택은 하나님을 배신한 행동이었던 것입니다.

이를 통해 우리가 깨달아야 할 것이 무엇입니까? 바로 언약의 자리를 피해서는 안 된다는 것입니다. 그러므로 우리는 어떤 일이 있더라도 반드시 교회 공동체 안에 있어야 합니다. 설령 교회 안에서 시험 들고 상처받는 일이 생겨도 강단 메시지를 통해 주의 음성을 듣고 언약의 자리를 지켜야 합니다. 교회 안에서 예배드리며 하나님의 뜻을 발견하시기 바랍니다. 그래야만 문제와 사건을 회피하지 않고 직면할 수 있습니다. 눈에 보이는 것은 서론에 불과합니다. 사도 바울은 이는 우리가 믿음으로 행하고 보는 것으로 행하지 아니함이로라 (고린도후서 5:7) 라고 말했습니다. 우리는 서론적인 것에 매이는 것이 아니라 영적인 본질을 붙잡아야 합니다. 어떤 상황 속에서도 회피하는 불신앙이 아니라 오직의 믿음을 가지고 본론 인생을 살아가시기 바랍니다.

직면하는 참 신앙

엘리멜렉 가정이 겪은 흉년은 겉으로만 보면 그저 경제적인 것으로만 느껴집니다. 하지만 보다 근본적으로 보자면 이것은 영적 흉년이라 할 수 있습니다. 사실 엘리멜렉이라는 이름에는 '나의 하나님은 왕이시다'라는 뜻이 있습니다. 이는 "나의 하나님께서 내 삶의 주인이 되시고 나의 왕이 되신다"는 고백입니다. 엘리멜렉 가정의 신앙고백이 이럴 정도였습니다. 그런데 어느 날 흉년이 닥쳐 경제 문제가 오자 자신의 신앙고백을 다 뒤엎어 버리고는 이방 땅 모압으로 향했습니다. 하나님 앞에서 당당히 문제에 직면해야 하는데 그러지 않고 회피해 버린 것입니다.

우리가 인생을 살면서 다양한 형태의 흉년이 찾아올 수 있습니다. 지금 우리에게 닥친 상황을 보면, 코로나19 팬데믹으로 인해 다양한 형태의 흉년이 복합적으로 우리에게 다가와 있습니다. 하루하루 넘기기 힘들 정도로 어려움을 겪는 이들이 많은 것이 현실입니다. 이런 어려움이 지속되니 사람들이 굉장히 예민해진 상태입니다. 정상적인 경제활동이나 사회활동을 하지 못하니 경제적 흉년, 인간관계의 흉년에 처한 상황입니다.

그런데 이것보다 더 심각한 것이 있습니다. 바로 영적인 흉년이 닥쳐오고 있다는 것입니다. 함께 예배당에 모여 찬송 부르고 기도하며 예배드리지 못하고 온라인 비대면으로만 예배를 드리다 보니 영적 감각이 무뎌지고 있습니다. 성도 간에 서로 영적 교제를 나누고 현장에서 마음껏 복음을 전해야 영과 육이 활성화될 텐데 그러지 못하니 영적인 기근이 오고 있는 것입니다.

이렇게 인생의 흉년이 찾아왔을 때 하나님 자녀가 가져야 할 영적 자세가 있습니다. 문제와 사건이 왔을 때 절대 회피해서는 안 됩니다.

구원받은 하나님 자녀에게 일어나는 모든 문제와 사건에는 하나님의 숨은 뜻과 계획이 있다고 해석해야 합니다. 문제와 사건을 영적으로 해석해야 하는 것입니다. 그 안에서 하나님의 뜻과 계획을 발견하는 것이 참 신앙입니다. 이런 삶을 살기 위해서는 절대적 기준이 있어야 하는데 그것이 바로 강단 메시지가 되어야 합니다. 예배를 통해 언약을 붙잡아야 하는 것입니다.

엘리멜렉은 하나님 말씀이 아닌 눈에 보이는 것을 기준으로 삼아 불신앙의 선택을 했습니다. 눈으로 보기에는 모압 땅은 곡식이 풍성하고 모든 것이 갖추어진 땅이었습니다. 하지만 실상은 신기루였습니다. 허상이었을 뿐입니다. 육신적인 선택을 한 결과 엘리멜렉의 가정은 바벨탑처럼 무너지고 말았습니다.

여러분은 어떤 상황이 닥치더라도 그것을 회피하는 선택을 해서는 안 됩니다. 문제와 사건에 직면하는 참 신앙인이 되어야 합니다. 예배를 통해 선포되는 강단 말씀을 붙잡고 언약적 선택을 하시기 바랍니다. 이를 통해 하나님 언약이 성취되는 데 쓰임 받는 성도가 되어야 할 것입니다.

영적 집중력

우리가 신앙생활을 하면서 중요한 것 중의 하나가 영적 집중력을 갖는 것입니다. 무언가 어려운 순간이 닥쳤을 때의 말 한마디, 행동 하나가 삶 전체를 바꾸기도 합니다. 그럴 때 영적 집중력이 없으면 실패하는 선택을 하게 됩니다. 이런 위기 상황에서 성령의 사람은 남다른 모습을 보입니다. 평상시에 강단 메시지의 흐름을 타고 영적 훈련을 하게 되면 영적 집중력이 생기기 때문에 성공하는 선택을 하게 됩니다.

영적 집중력이 생기면, 문제와 사건이 닥쳤을 때 그것을 회피하지 않고 직면합니다. 하나님 말씀을 붙잡고 앞으로 나아가는 것입니다. 이렇게 영적으로 정면 돌파하게 되면 성공할 수밖에 없습니다. 하나님께서 그렇게 만들어 버리는 것입니다. 모든 독자 여러분이 말씀을 붙잡고 나아가는 사람이 되어 어떤 상황 속에서도 영적 직면을 통해 하나님의 살아있는 역사를 체험하게 되시기를 예수 그리스도의 이름으로 축복합니다.

룻

운명을 바꾼 결단

The Decision

Chapter 2

아는 것과 믿는 것

[6]그 여인이 모압 지방에서 여호와께서 자기 백성을 돌보시사 그들에게 양식을 주셨다 함을 듣고 이에 두 며느리와 함께 일어나 모압 지방에서 돌아오려 하여 [7]있던 곳에서 나오고 두 며느리도 그와 함께 하여 유다 땅으로 돌아오려고 길을 가다가 [8]나오미가 두 며느리에게 이르되 너희는 각기 너희 어머니의 집으로 돌아가라 너희가 죽은 자들과 나를 선대한 것 같이 여호와께서 너희를 선대하시기를 원하며 [9]여호와께서 너희에게 허락하사 각기 남편의 집에서 위로를 받게 하시기를 원하노라 하고 그들에게 입 맞추매 그들이 소리를 높여 울며 [10]나오미에게 이르되 아니니이다 우리는 어머니와 함께 어머니의 백성에게로 돌아가겠나이다 하는지라 [11]나오미가 이르되 내 딸들아 돌아가라 너희가 어찌 나와 함께 가려느냐 내 태중에 너희의 남편 될 아들들이 아직 있느냐 [12]내 딸들아 되돌아 가라 나는 늙었으니 남편을 두지 못할지라 가령 내가 소망이 있다고 말한다 든지 오늘 밤에 남편을 두어 아들들을 낳는다 하더라도 [13]너희가 어찌 그들이 자라기를 기다리겠으며 어찌 남편 없이 지내겠다고 결심하겠느냐 내 딸들아 그렇지 아니하니라 여호와의 손이 나를 치셨으므로 나는 너희로 말미암아 더욱 마음이 아프도다 하매 [14]그들이 소리를 높여 다시 울더니 오르바는 그의 시어머니에게 입 맞추되 룻은 그를 붙좇았더라 _룻기 1:6~14

진정한 믿음

아는 것과 믿는 것은 서로 다릅니다. 설교를 그저 단순히 듣고 알기만 하는 것은 그 자체로만 보면 아무 의미가 없습니다. 말씀을 듣더라도 그것을 아는 것에 머무르면 아무 소용이 없는 것입니다. 이와 관련해 사도행전 19장 11~16절을 보면 아주 재미있는 내용이 나옵니다. 하나님께서 바울의 손으로 병든 자를 고치는 놀라운 능력을 행하게 하셨는데 심지어 사람들이 바울의 몸에서 손수건이나 앞치마를 가져다가 병든 사람과 악귀 들린 자에게 얹으면 그 병이 낫고 악귀가 물러갈 정도였습니다. 그러자 돌아다니던 마술사들이 그 모습을 보고는 바울을 흉내 내기 시작했습니다. 한 유대인 제사장과 아들들도 바울을 흉내 내 악귀를 쫓아내려 했는데 악귀 들린 자가 갑자기 "내가 예수도 알고 바울도 알거니와 너희는 누구냐!"라고 소리치더니만 바울을 흉내 내던 이들을 두들겨 패서 도망치게 했습니다.

바울을 통한 하나님의 이적을 보고 그저 알기만 했으니 이런 수모를 당하게 된 것입니다.

하나님 말씀을 들으면 30cm 여행을 해야 합니다. 말씀을 들을 때 한 귀로 듣고 한 귀로 흘려버리는 것이 아니라 귀를 통해 가슴까지 30cm에 이르는 여행을 해야 하는 것입니다. 이는 말씀을 자신의 것으로 삼으라는 말입니다. 말씀을 붙잡아 자신의 것으로 삼아 각인되고, 뿌리내려, 체질화되도록 하는 작업이 필요합니다. 이것을 일컬어 바로 말씀을 믿는 것이라 합니다.

우리가 보고 있는 이 룻기는 인생에 있어서 선택과 결단이 얼마나 중요한지를 알려 주는 말씀입니다. 선택은 자신이 가진 선택의 기준이 어떤가에 따라 달라집니다. 우리는 앞의 챕터에서 인생의 절대 기준이 하나님 말씀 즉 언약이라는 사실을 살펴보았습니다. 베들레헴에 살던 엘리멜렉은 흉년이 닥치자 하나님 말씀이 아니라 자기 기준대로 판단하여 약속의 땅을 떠나 이방 땅인 모압으로 갔습니다. 그러고는 불신자들과 어울려 살았습니다. 그렇게 문제와 사건을 영적으로 직면하지 않고 회피했던 그의 삶은 결국 비참한 결말을 맺고 말았습니다. 그런데 이번 챕터에서는 엘리멜렉과는 정반대의 모습을 보인 인물이 나옵니다. 바로 이방 여인 룻입니다.

룻은 문제와 사건 앞에서 영적인 직면을 통해 하나님을 향해 집중하는 모습을 보여 줍니다. 시어머니를 통해 들었던 언약의 말씀이 가슴에 각인되어 있었던 것입니다. 룻은 하나님 말씀을 아는 것에 머무른 것이 아니라 진정한 믿음을 가졌습니다. 시어머니 나오미를 통해 들었던 말씀이 각인되고, 뿌리내리고, 체질화되었기 때문에 룻은 믿음의 결단을 할 수 있었던 것입니다.

아는 것에 그친 오르바

룻기 1장 5절을 보면 엘리멜렉 가정의 가장이었던 엘리멜렉과 두 아들이 모두 죽습니다. 그 결과 엘리멜렉의 부인 나오미와 두 며느리만 남게 됩니다. 하나님을 떠나 모압 땅으로 이주했던 엘리멜렉의 가정에서 이제 남은 것은 세 명의 과부뿐이었습니다. 이는 단순한 내용이 아닙니다. 지금이야 여성들이 사회활동과 경제활동을 많이 하지만 당시는 달랐습니다. 여성들이 홀로 살아갈 환경이 아니었습니다. 여성이 가정의 생계를 이끌어가기는 거의 불가능한 상황이었습니다. 그런데 그때 나오미에게 희소식이 들렸습니다.

그 여인이 모압 지방에서 여호와께서 자기 백성을 돌보시사 그들에게 양식을 주셨다 함을 듣고 이에 두 며느리와 함께 일어나 모압 지방에서 돌아오려 하여 _룻기 1:6

하나님께서 이스라엘 백성들을 다시 돌아보시고 양식을 주셨다는 소식이 들렸습니다. 사사 시대였던 당시 이스라엘 백성들이 여호와 앞에서 악을 행하여 징계를 받았다가 회개하자 하나님께서 새로운 은혜를 베풀어 주시는 시간표가 온 것입니다. 그러니까 이를 보자면, 이스라엘 땅에 흉년이 들었던 것은 단순한 자연현상이 아니었습니다. 하나님께서 먹을 것이 없도록 만드신 것입니다. 왜 그랬을까요?

이스라엘 백성들이 하나님 말씀을 듣지 않았기 때문입니다.

하나님 자녀는 하나님 말씀대로 살아야 합니다. 하나님 자녀에게는 영생과 천국이 보장되어 있기 때문에 그렇습니다. 천국을 기업으로 얻었기 때문에 하나님 말씀대로 살아야 합니다. 그런데 하나님 말씀대로 살지 않으면 어떻게 될까요? 가지고 있는 것, 갖고자 하는 것을 빼앗깁니다. 하나님은 질투하시는 하나님입니다. 그렇기 때문에 하나님보다 더 사랑하는 것을 빼앗아 가십니다. 이를 통해 하나님께서는 당신만을 쳐다보게 만드십니다. 회개하고 돌아오라는 메시지를 보내시는 것입니다.

이러한 영적 회복의 시간표가 나오미에게 찾아왔습니다. 고향에서 들린 회복의 소식은 그녀에게는 복음이었습니다. 그렇기 때문에 나오미는 방향을 전환해 하나님께로 돌아가겠다는 결단을 내립니다. 나오미는 베들레헴으로 돌아가기로 결정하고는 두 며느리와 함께 길을 나섰습니다. 그렇게 길을 나선 나오미는 자신의 고향으로 가던 중에 두 며느리에게 각자의 고향으로 돌아가 재혼하여 살라고 권합니다. 며느리인 오르바와 룻이 거절하자 나오미가 재차 떠날 것을 권하였고 오르바는 마침내 길을 돌이켜 자신의 고향인 모압 땅으로 발걸음을 돌렸습니다.

이런 오르바의 모습은 매우 안타까운 상황입니다. 오르바와 룻은 둘 다 며느리로서 시어머니인 나오미에게서 같은 언약의 메시지를 들었지만 오르바의 수준은 그저 아는 것에 머무르기만 했습니다. 그렇기 때문에 언약적 선택을 하지 못했던 것입니다. 물론 인간적으로 보면 오르바의 이런 선택을 충분히 이해할 수 있습니다. 시어머니를 따라가 봐야 과부로서 살아갈 길이 막막하기만 했을 것입니다. 하지만 이는 영적으로 볼 때는 최악의 선택이었습니다. 룻기 1장 15절을 보면, 이를 두고 나오미는 "네 동서는 그의 백성과 그의 신들에게로 돌아가나니"라고 말했습니다. 결국 오르바는 우상을 섬기는 선택을 했던 것입니다.

교회에 다니는 교인 중에도 오르바와 같은 사람, 룻과 같은 사람이 있습니다. 말씀을 듣더라도 듣는 것으로 끝나고 자기 기분대로 사는 사람, 자신에게 손해가 되는 것 같더라도 말씀을 따라가는 사람으로 나뉘는 것입니다. 오르바는 시집와서 시어머니 나오미에게 여호와의 신앙에 대해 많이 들었지만, 그저 듣고 아는 것에 그쳤습니다. 신앙생활은 단순히 아는 것에 머물러서는 안 됩니다. 믿지 못하면 문제와 사건이 발생했을 때 쉽게 무너지고 맙니다. 문제와 사건을 영적으로 바라보고 영적 해석을 해야 하는데 자기 생각대로 판단하다가 시험에 들고 마는 것입니다.

우리가 예수 그리스도를 믿고 하나님 자녀가 되었다고 해서 문제와 사건이 오지 않는 것이 아닙니다. 이 땅에서 육체를 가지고 사는 동안에는 누구나 어려움을 당하게 됩니다. 하지만 예수님께서 무어라 말씀하셨습니까? 요한복음 16장 33절을 보면, "세상에서는 너희가 환난을 당하나 담대하라 내가 세상을 이기었노라"고 선포하셨습니다. 이 예수 그리스도께서 우리와 함께하고 계시기 때문에 우리는 어떤 문제와 사건도 두려워할 필요가 없는 것입니다. 언약을 잡으시기 바랍니다. 그러면 모든 것이 합력하여 선을 이룹니다.

믿음의 선택을 한 룻

그들이 소리를 높여 다시 울더니 오르바는 그의 시어머니에게 입 맞추되 룻은 그를 붙좇았더라 _룻기 1:14

나오미의 설득에도 불구하고 룻은 나오미를 따라갔습니다. 룻은 믿음의 선택을 했던 것입니다. 우리가 삶을 살아가면서 다른 모든 것을 다 잘못 선택하더라도 딱 하나만 잘 선택하면 됩니다. 그것은 바로 예수 그리스도를 선택하는 것입니다. 분명한 언약을 붙잡는다면 설령 고난이 닥치더라도 그것을 이길 은혜를 주십니다.

앞의 성경 말씀에 나오는 '붙좇다'라는 말은 히브리어로 '다바크'라고 하는데 여기에는 '굳게 붙잡고 늘어지다'라는 뜻이 있습니다. 이는 마음을 다하고 뜻을 다하고 힘을 다하여 붙드는 전인적인 의지를 나타냅니다. 룻은 시어머니인 나오미를 따르겠다는 굳은 결단을 보였던 것입니다.

이처럼 신앙생활을 하는 데 있어서는 붙좇는 자세, 즉 바짝 붙는 자세가 중요합니다. 우리는 예수님께 바짝 붙고, 교회에 바짝 붙어서 따라가야 합니다. 멀찍이 떨어져서는 안 됩니다. 베드로는 예수님이 잡혀가자 멀찍이 떨어져서 바라보다가 시험에 들어 예수님을 세 번이나 부인했습니다. 이런 어정쩡한 신앙생활을 해서는 안 됩니다. 예수님을 단단히 붙좇는 자세를 가지고 신앙생활을 하시기 바랍니다. 그래야만 영원의 응답을 체험하고 참된 누림의 삶을 살아가게 됩니다.

영적 자존감

유엔이 발표하는 국가별 행복지수 발표를 보면 늘 상위권에 오르는 나라들이 있습니다. 스칸디나비아반도의 덴마크, 노르웨이, 스웨덴이 항상 1, 2, 3위를 차지하는데, 북유럽의 복지국가라는 공통점이 있는 이 세 나라 중에 특히 덴마크는 국민들이 행복감을 느끼는 이유가 따로 있다고 합니다. 바로 '얀테의 법칙'이라는 것입니다. 얀테는

덴마크 출신 작가의 소설에 나오는 가상 마을입니다. 이 마을의 특징은 잘난 사람은 대우를 받지 못한다는 것입니다. 그래서 이 마을에는 자기 자신을 특별하거나 지나치게 뛰어난 사람으로 여기지 않기 위한 열 가지 조항이 있는데 그것을 일컬어 얀테의 법칙이라고 합니다.

첫째, 당신이 특별한 사람이라고 생각하지 마라.
둘째, 당신이 남들보다 좋은 사람이라고 착각하지 마라.
셋째, 당신이 다른 사람들보다 더 똑똑하다고 생각하지 마라.
넷째, 당신이 다른 사람보다 낫다고 자만하지 마라.
다섯째, 당신이 다른 사람보다 더 많이 안다고 생각하지 마라.
여섯째, 당신이 다른 사람들보다 더 중요하다고 생각하지 마라.
일곱째, 당신이 모든 것을 잘한다고 생각하지 마라.
여덟째, 다른 사람을 비웃지 마라.
아홉째, 다른 사람이 당신에게 관심이 있다고 생각하지 마라.
열째, 당신이 다른 사람에게 무엇이든 가르칠 수 있다고 생각하지 마라.

이 얀테의 법칙을 한마디로 하자면, 비교의식을 완전히 버리라는 것입니다. 인생을 망치는 대표적인 두 가지가 바로 우월의식과 열등의식입니다. 이 두 가지는 비교의식이라는 뿌리를 통해 나오는데 우월감은 교만으로, 열등감은 낙심과 좌절로 이어집니다. 다른 사람과 비교하며 우월감이나 열등감을 갖게 되면 그것이 자기 자신을 결국 불행 속으로 몰고 갑니다. 우리는 자기 자신뿐만 아니라 모든 사람이 하나님 앞에서 존귀한 존재라는 것을 인정해야 합니다. 그래야 서로 비교하며 우월감과 열등감을 갖지 않게 됩니다.

우리가 가져야 할 것은 영적 자존감입니다. 이것은 우월감과는 다른 것입니다. 하나님께서 나를 사랑하시고 나를 구원하시기 위해 독생자 예수 그리스도를 이 땅에 보내어 죽게까지 하셨다는 이 사실을 믿는다면 자기 자신이 얼마나 영적으로 존귀한 자인지를 깨닫게 될 것입니다. 이런 영적 자존감이 생기면 다른 사람과 비교할 필요가 없게 됩니다. 그러면 행복할 수밖에 없습니다.

이 책을 읽는 모든 독자 여러분이 이러한 영적 자존감을 가지고 하나님의 스케일을 체험하는 믿음의 사람이 되시기를 예수 그리스도의 이름으로 축복합니다.

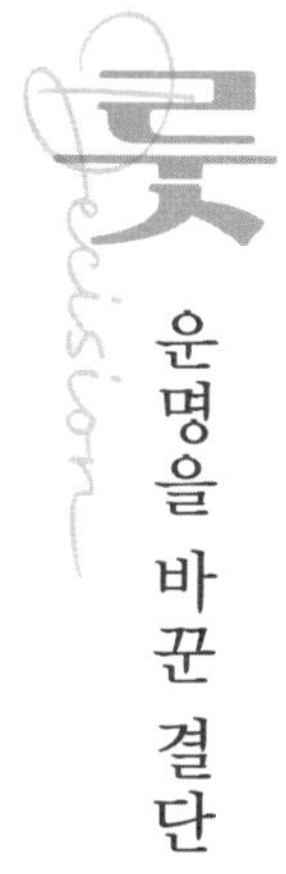

룻

운명을 바꾼 결단

Chapter 3

운명을 바꾼 결단

[15]나오미가 또 이르되 보라 네 동서는 그의 백성과 그의 신들에게로 돌아가나니 너도 너의 동서를 따라 돌아가라 하니 [16]룻이 이르되 내게 어머니를 떠나며 어머니를 따르지 말고 돌아가라 강권하지 마옵소서 어머니께서 가시는 곳에 나도 가고 어머니께서 머무시는 곳에서 나도 머물겠나이다 어머니의 백성이 나의 백성이 되고 어머니의 하나님이 나의 하나님이 되시리니 [17]어머니께서 죽으시는 곳에서 나도 죽어 거기 묻힐 것이라 만일 내가 죽는 일 외에 어머니를 떠나면 여호와께서 내게 벌을 내리시고 더 내리시기를 원하나이다 하는지라 [18]나오미가 룻이 자기와 함께 가기로 굳게 결심함을 보고 그에게 말하기를 그치니라 [19]이에 그 두 사람이 베들레헴까지 갔더라 베들레헴에 이를 때에 온 성읍이 그들로 말미암아 떠들며 이르기를 이이가 나오미냐 하는지라 [20]나오미가 그들에게 이르되 나를 나오미라 부르지 말고 나를 마라라 부르라 이는 전능자가 나를 심히 괴롭게 하셨음이니라 [21]내가 풍족하게 나갔더니 여호와께서 내게 비어 돌아오게 하셨느니라 여호와께서 나를 징벌하셨고 전능자가 나를 괴롭게 하셨거늘 너희가 어찌 나를 나오미라 부르느냐 하니라 [22]나오미가 모압 지방에서 그의 며느리 모압 여인 룻과 함께 돌아왔는데 그들이 보리 추수 시작할 때에 베들레헴에 이르렀더라

_룻기 1:15~22

인생 근본 문제의 해결

대부분의 사람들은 자신의 운명이 어떨지 무척 궁금해합니다. 그래서 해마다 연초가 되면 많은 이들이 점집을 찾아갑니다. 이 점쟁이나 무당들이 마치 사람의 운명을 디자인해주겠다는 식으로 마치 인생 문제의 상담사인 것처럼 사람들에게 접근하는데, 이는 다 장삿속이고 속임수일 뿐입니다. 이 점쟁이, 무당들은 사실 자기 자신이 처참한 운명에 빠진 사람입니다. 그 운명을 바꾸지 못하고 어쩔 수 없이 귀신의 조종을 받고 있는 것입니다. 그러니 자기 자신은 물론이고 자신에게 점을 보겠다고 찾아온 이들까지 결국에는 멸망 길로 인도하고 맙니다.

그렇다면 우리가 인생을 살아가면서 가장 중요한 일이 무엇일까요? 인생 근본 문제의 해결입니다. 이 근본 문제를 해결할 수 있는 유일한

길은 예수 그리스도입니다. 예수 그리스도를 통해 마귀의 자식이라는 신분이 하나님 자녀로 변화되어야만 사주팔자, 운명에서 완전히 해방될 수 있습니다. 죄를 짓는 자는 마귀에게 속하나니 마귀는 처음부터 범죄함이라 하나님의 아들이 나타나신 것은 마귀의 일을 멸하려 하심이라 (요한1서 3:8) 예수님께서 이 땅에 오신 것은 인간을 멸망길로 끌고 가기 위해 하나님과 대적하는 마귀를 멸하기 위함입니다. 예수께서 이르시되 내가 곧 길이요 진리요 생명이니 나로 말미암지 않고는 아버지께로 올 자가 없느니라 (요한복음 14:6) 그렇기 때문에 예수님을 믿지 않고서는 그 누구도 하나님 아버지께서 계신 천국으로 갈 수 없는 것입니다. 그러므로 이제 그리스도 예수 안에 있는 자에게는 결코 정죄함이 없나니 이는 그리스도 예수 안에 있는 생명의 성령의 법이 죄와 사망의 법에서 너를 해방하였음이라 (로마서 8:1~2) 오직 예수님을 통해서만 죄와 사망에서 해방됩니다. 앞에서 말하고 있는 세 구절의 성경 말씀에 사주팔자, 운명에 빠진 자들을 새롭게 변화시킬 수 있는 영적 비밀이 담겨 있습니다. 예수 그리스도를 믿는다는 것은 인생 모든 문제가 해결되었음을 의미합니다. 죄와 사망의 문제에서 해방되어 천국이 보장된 인생이라는 것입니다.

그러므로 우리는 모든 문제와 사건을 다 뛰어넘어야 합니다. 환경을 뛰어넘고 자기 자신의 한계를 뛰어넘어야 하는 것입니다. 점쟁이, 무당이 우리의 문제를 해결해 주지 못합니다. 오직 예수 그리스도만이 우리 인생의 모든 문제를 해결하여 주십니다. 과거, 현재, 미래의 모든 죄와 문제 그리고 사주팔자, 운명에서 완벽하게 해방시켜 주셨습니다. 우리에겐 영생의 축복이 있습니다. 세상 어떤 것도 이 축복 보다 더 귀한 것은 없습니다. 그렇기 때문에 예수 그리스도를 인생의 주인으로 모신 사람이 세상에서 가장 행복한 사람이라는 사실을 분명히 깨달아야 합니다. 우리 삶에 예수 그리스도가 있다면 그것만으로 가장 가치 있는 인생이 되는 것입니다.

이렇게 변화된 인생을 살기 위해서는 자신의 운명을 바꾸는 결단이 있어야 합니다. 이번 챕터에서는 운명을 바꾼 결단의 인물이 등장합니다. 바로 룻입니다. 룻은 이방 여인이었습니다. 그런데 믿음의 가정으로 시집을 와서 복음을 들으며 믿음이 생겨났습니다. 그 믿음을 통해 놀라운 고백을 하게 됩니다.

...어머니께서 가시는 곳에 나도 가고 어머니께서 머무시는 곳에서 나도 머물겠나이다 어머니의 백성이 나의 백성이 되고 어머니의 하나님이 나의 하나님이 되시리니 어머니께서 죽으시는 곳에서 나도 죽어 거기 묻힐 것이라 ...

_룻기 1:16~17

이는 성경에 나오는 많은 믿음의 고백 중 가장 멋지고 감동적인 고백이라 할 수 있습니다. 이 고백은 룻의 운명을 180도 변화시킨 믿음의 결단이었습니다. 이 결단을 통해 룻은 당당하게 언약의 반열에 올라서게 되었습니다. 우리도 이런 언약적 결단을 통해 축복의 자리로 나아가야 할 것입니다.

믿음의 결단

룻이 이르되 내게 어머니를 떠나며 어머니를 따르지 말고 돌아가라 강권하지 마옵소서 어머니께서 가시는 곳에 나도 가고 어머니께서 머무시는 곳에서 나도 머물겠나이다 어머니의 백성이 나의 백성이 되고 어머니의 하나님이 나의 하나님이 되시리니 어머니께서 죽으시는 곳에서 나도 죽어 거기 묻힐 것이라 만일 내가 죽는 일 외에 어머니를 떠나면 여호와께서 내게 벌을 내리시고 더 내리시기를 원하나이다 하는지라 _룻기 1:16~17

나오미가 고향 땅으로 돌아간 오르바를 언급하며 룻에게도 돌아가라고 말하자 룻은 더 이상 그런 말이 나오지 않도록 강한 결단의 고백을 합니다. 죽음이 갈라놓지 않는 이상 시어머니인 나오미를 따르겠다는 것입니다. 그런데 이것은 단순히 시어머니를 따르겠다는 효성 지극한 고백이 아니었습니다. 룻이 여호와의 이름으로 맹세하고 있는데 이 여호와라는 말은 당시 언약의 공동체였던 이스라엘 내에서만 사용하던 고유 명칭이었습니다. 그런데 이방 여인 룻이 여호와라는 이름을 거론한 것은 하나님에 대한 분명한 신앙을 가지고 있었다는 의미입니다. 그리고 이 룻의 결단은 순간적인 감정에 의한 것이 아니었습니다. 룻은 경제적인 측면에서 미래에 대한 확신이 전혀 없는 상황이었음에도 나오미를 따르겠다고 했습니다. 과부인 시어머니와 며느리의 처지에서 어쩌면 궁핍한 상황에 처할지도 모르는 상황이었지만 영적인 믿음의 선택을 했던 것입니다. 결국 이 선택은 룻의 인생을 180도 바꾸었고 이 선택으로 말미암아 그녀는 훗날 생애 최고의 축복을 누리게 됩니다.

나오미가 룻이 자기와 함께 가기로 굳게 결심함을 보고 그에게 말하기를 그치니라 _룻기 1:18

룻의 결심이 어찌나 확고했던지 나오미가 더 이상 말하기를 그쳤습니다. 이러한 믿음의 결단으로부터 인생의 반전이 시작됐습니다. 결단이 없으면 삶의 변화와 반전도 없습니다. 성경에 나오는 믿음의 인물들을 보면 모두가 하나같이 힘들고 어려운 상황, 심지어 죽음에 처할 위기에서 도리어 믿음의 결단을 보여 주었습니다. 그들이 보인 믿음의 결단이 어떤 결과를 낳았습니까? 아브라함이 살던 당시에는 한 지역을 떠나 다른 곳으로 간다는 것은 일가족의 목숨을 걸어야만 하는 일이었습니다. 하지만 하나님께서 명령하시자 순종하여 고향 땅을 떠났습니다. 다니엘은 죽음의 위협 속에서도 하나님께 기도하지 말라는 왕의 명령을 거부하고 하나님만을 섬겼습니다. 에스더도 죽음을 각오하고 왕 앞에 나아가 유대 민족을 구해 달라는 간청을 했습니다. 이런 결단으로 말미암아 아브라함은 믿음의 조상으로서 복의 근원이 되었고, 다니엘은 사자굴 속에서도 하나님께서 보내신 천사의 도움으로 살아날 수 있었을 뿐 아니라 총리로 오래도록 쓰임을 받았으며, 에스더는 자기 민족을 구하고 왕의 총애를 받는 왕비가 될 수 있었습니다. 이것이 바로 믿음의 결단이 가져오는 결과입니다.

자신이 처한 상황을 보고 이리저리 재고 판단하는 것은 믿음이 아닙니다. 그것은 계산입니다. 오직 믿음으로 선택하고 결단해야 하는 것입니다. 그래야만 하나님께서 살아계셔서 나와 함께하고 계심을 체험하고 축복과 응답을 누리게 됩니다. 앞뒤 재지 않고 무조건적으로 충성하고 헌신하는 사람을 하나님께서 사용하십니다. 우리가 무슨 능력이 있어서 문제를 해결하고 일을 해나갈 수 있겠습니까? 믿음의 결단을 하고 도전해야 하나님께서 절대 불가능해 보이는 일도 가능케 만들어 주시는 것입니다. 그러므로 우리는 영적 자세를 완전히 바꾸어 완벽한 성령 체질이 되어야 합니다. 그래야 비로소 하나님의 절대 은혜를 체험할 수 있게 됩니다.

회복의 은혜

이에 그 두 사람이 베들레헴까지 갔더라 베들레헴에 이를 때에 온 성읍이 그들로 말미암아 떠들며 이르기를 이이가 나오미냐 하는지라 나오미가 그들에게 이르되 나를 나오미라 부르지 말고 나를 마라라 부르라 이는 전능자가 나를 심히 괴롭게 하셨음이니라 내가 풍족하게 나갔더니 여호와께서 내게 비어 돌아오게 하셨느니라 여호와께서 나를 징벌하셨고 전능자가 나를 괴롭게 하셨거늘 너희가 어찌 나를 나오미라 부르느냐 하니라

_룻기 1:19~21

나오미와 룻이 베들레헴에 당도하자 성읍 사람들이 그들을 환대했습니다. 그런데 사람들이 나오미를 부르자, 그녀는 자신을 더 이상 나오미라고 부르지 말고, 마라라고 부르라고 했습니다. '나오미'라는 이름에는 '기쁨'이라는 뜻이 있습니다. 그런데 자신이 남편과 자식을 잃고 가진 것도 없이 돌아왔으니 '쓰라린 고통'이라는 뜻을 가진 '마라'라고 부르라는 것입니다.

나오미에게 있어서 베들레헴을 떠나 모압 땅에서 살았던 시기는 기쁨이 아니라 고통의 삶이었습니다. 하나님 없이 사는 창세기 3장의 삶은 고통과 괴로움의 쓴 물밖에 없는 것입니다. 나오미는 자신이 갈 때는 풍족하게 나갔으나 비어있는 상태로 돌아왔다고 말합니다. 그러고는 이어서 자신의 가정이 비참하게 된 궁극적 원인에 대해 정확한 고백을 합니다. 그녀는 "여호와께서 나를 징벌하셨고 전능자가 나를 괴롭게 하셨다."라고 말합니다. 자기 남편이나 자식 탓을 한 것이 아니라, 하나님과의 관계 속에서 영적 해석을 한 것입니다.

하나님 자녀가 하나님의 뜻과 계획대로 나아가지 않으면 징계를 받게 됩니다. 대저 여호와께서 그 사랑하시는 자를 징계하시기를 마치 아비가 그 기뻐하는 아들을 징계함 같이 하시느니라 (잠언 3:12) 자식이 잘못했을 때 부모가 벌하는 것은 그 자식이 미워서가 아닙니다. 사랑하기 때문에 잘되라고 벌을 주고 훈육하는 것입니다. 징계는 다 받는 것이거늘 너희에게 없으면 사생자요 친아들이 아니니라 (히브리서 12:8) 잘못을 했는데도 벌을 주지 않으면 친자식 취급을 받지 못하는 것과 같습니다. 하나님의 징계가 없는 것은 구원받지 못한 사람, 하나님 자녀가 아니기 때문입니다. 우리가 삶에서 고통을 당할 때 그것을 영적으로 잘 해석해야 합니다. 하나님께서 징계를 하시는 것은 빨리 제자리로 돌아가기를 바라기 때문입니다. 회복의 메시지인 것입니다. 나오미는 그것을 제대로 깨달았기 때문에 제자리로 돌아왔습니다.

앞의 성경 말씀을 보면 나오미는 하나님을 가리켜 여호와와 전능자라는 두 가지 단어로 표현하고 있습니다. '여호와'라는 이름에는 '약속을 이행하시는 하나님'이라는 의미가 담겨 있습니다. 언약에 신실하신 하나님, 언약을 이루시는 하나님이라는 뜻이 있는 것입니다. 그리고 '전능자'는 히브리어로 '엘 샤다이'라고 하는데 여기에는

'무에서 유를 창조하시는 전능하신 하나님'이라는 뜻이 있습니다. 약속의 땅에 돌아온 나오미가 이 표현을 쓴 까닭이 있습니다. 하나님께서 자신들의 앞날에 참된 희망을 주실 것이라는 고백의 의미가 담겨 있는 것입니다.

나오미가 모압 지방에서 그의 며느리 모압 여인 룻과 함께 돌아왔는데 그들이 보리 추수 시작할 때에 베들레헴에 이르렀더라 _룻기 1:22

나오미와 룻이 베들레헴에 돌아왔을 때는 막 보리 추수를 시작하던 시기였습니다. 약속의 땅에 돌아오니 회복의 축복이 기다리고 있었습니다. 식량이 풍성한 땅에 돌아왔으니 먹을 걱정은 하지 않아도 되었던 것입니다.

룻기 1장을 보면 '돌아오다'와 '돌아가다'라는 상반된 표현이 자주 나옵니다. 약속의 땅 베들레헴을 향해서는 '돌아오다'라는 말이 쓰였고, 그에 반해 우상의 나라 모압 땅을 향해서는 '돌아가다'라는 표현이 사용되었습니다. 우리는 어떤 상황에 처하더라도 돌아와야 합니다. 오르바처럼 돌아가는 선택을 해서는 안 됩니다. 옛 습관, 옛 체질로 돌아가서는 안 되는 것입니다.

돌아온다는 것은 강단 메시지를 붙잡는 것입니다. 예배 속에서 하나님 음성을 들을 때 영혼이 돌아옵니다. 그러면 영적인 결단을 하게 됩니다. 그런데 한순간 그런 마음을 갖는 것에 그치는 것이 아니라 그것이 24시간 지속되어야 합니다. 강단 메시지를 통해 언약을 붙들고 인생을 다시 편집, 설계, 디자인하는 삶으로 변화되어야 하는 것입니다. 이는 말씀을 각인하고, 뿌리내리게 하여, 체질을 바꾸는 것입니다. 이를 통해 언약적 삶을 살아가는 축복 속에서 하나님의 놀라운 은혜를 누려야 합니다.

인생 작품을 만드는 응답

어떤 상황이 닥쳤을 때 사람들은 자신의 체질과 성향에 따라 선택과 결단을 하게 마련입니다. 이때 중요한 것이 바로 복음입니다. 복음 체질이 되어야 영적인 선택, 믿음의 결단을 하게 되는 것입니다. 그런데 복음 체질이 되기 위해서는 3오직이 중요합니다. 3오직이란, 오직 그리스도, 오직 하나님 나라, 오직 성령 충만을 말합니다. 3오직으로 각인, 뿌리, 체질화되면 선택과 결단의 상황에서 인생 작품을 만드는 응답을 받게 됩니다.

우리 인생의 평생 자랑거리가 될 응답을 누리는 비밀이 바로 3오직입니다. 여기에서 영적인 선택, 믿음의 결단이 나오게 된다는 사실을 깨달아야 합니다. 이를 통해 영적인 선택, 믿음의 결단을 하게 될 때 하나님 은혜를 풍성하게 누리게 됩니다. 독자 여러분 모두가 3오직의 복음 속에서 인생 작품을 만드는 응답을 받게 되시기를 예수 그리스도의 이름으로 축복합니다.

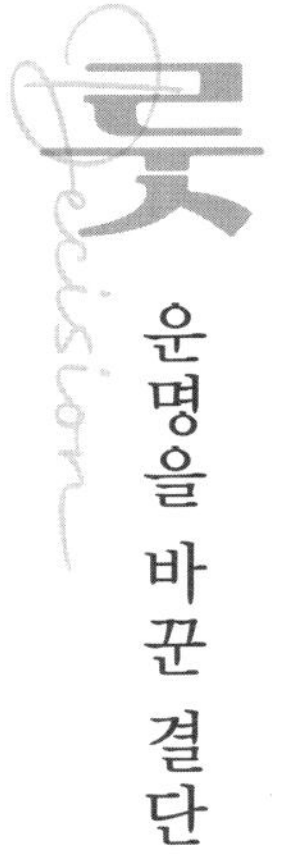

운명을 바꾼 결단

Chapter 4

은혜의 새 아침

[1]나오미의 남편 엘리멜렉의 친족으로 유력한 자가 있으니 그의 이름은 보아스더라 [2]모압 여인 룻이 나오미에게 이르되 원하건대 내가 밭으로 가서 내가 누구에게 은혜를 입으면 그를 따라서 이삭을 줍겠나이다 하니 나오미가 그에게 이르되 내 딸아 갈지어다 하매 [3]룻이 가서 베는 자를 따라 밭에서 이삭을 줍는데 우연히 엘리멜렉의 친족 보아스에게 속한 밭에 이르렀더라 [4]마침 보아스가 베들레헴에서부터 와서 베는 자들에게 이르되 여호와께서 너희와 함께 하시기를 원하노라 하니 그들이 대답하되 여호와께서 당신에게 복 주시기를 원하나이다 하니라 [5]보아스가 베는 자들을 거느린 사환에게 이르되 이는 누구의 소녀냐 하니 [6]베는 자를 거느린 사환이 대답하여 이르되 이는 나오미와 함께 모압 지방에서 돌아온 모압 소녀인데 [7]그의 말이 나로 베는 자를 따라 단 사이에서 이삭을 줍게 하소서 하였고 아침부터 와서는 잠시 집에서 쉰 외에 지금까지 계속하는 중이니이다 _룻기 2:1~7

생동감 넘치는 신앙생활

초대교회 성도들은 로마의 박해로 숨어서 예배를 드리며 믿음 생활을 했습니다. 그들은 서기 313년에 이르러 콘스탄티누스 황제가 로마를 기독교 국가로 선포할 때까지 250년 동안이나 무덤 밑 지하 동굴에서 예배를 드리며 신앙을 지켰습니다. 청교도들의 신앙은 어땠습니까? 철저한 복음주의적 신앙을 가졌던 청교도들은 영국 국교회로부터 박해를 받자 예배의 자유를 찾아 신대륙을 향해 떠났습니다. 그들은 미대륙으로 건너와 미국을 세웠고 기독교 신앙을 이어나갔습니다. 일제 치하의 우리 민족도 마찬가지였습니다. 일제는 신사참배를 강요하며 기독교를 철저하게 탄압했습니다. 이 때문에 많은 기독교 신자가 순교의 피를 흘렸습니다. 한국 기독교 역사는 피의 역사라 할 수 있을 정도입니다. 그렇다면 믿음의 선진들은 이런 고난과 역경을 어떻게 이기고 신앙을 지켜 올 수 있었을까요? 답은 바로 은혜입니다. 하루하루가 살얼음을 걷는 것과 같을 정도로 위험투성이의 환경 속에서도 우리 믿음의 선진들은 매일 은혜의 새 아침을 맞았습니다. 그렇기 때문에 어떤 역경과 고난도 다 뛰어넘어 믿음을 지킬 수 있었습니다. 이처럼 하나님께서 주신 은혜 의식으로 충만하면 넘어서지 못할 것이 없습니다.

룻기 2장의 말씀에는 룻의 삶 속에 은혜의 새 아침이 임하는 내용이 기록되어 있습니다. 룻은 이방 민족인 모압 족속입니다. 그런데 아무런 연고도 없는 베들레헴에 왔습니다. 지금이야 여성도 전문성을 가지고 경제 활동을 할 수 있지만, 당시는 달랐습니다. 남편이 없는 여자는 생존의 위협에 처할 수밖에 없었습니다. 하지만 룻은 보통의 여인이 아니었습니다. 룻기 1장을 보면 그녀는 "어머니의 하나님이 나의 하나님이 되시리니 어머니께서 죽으시는 곳에서 나도 죽어 거기 묻힐 것"이라는 고백을 했습니다. 이는 오직의 고백입니다. 하나님께서는 룻의 이 중심, 믿음의 결단을 보셨습니다. 그렇기 때문에 베들레헴에 도착한 룻에게는 하나님께서 주시는 새로운 은혜가 시작됩니다. 이는 우리에게도 마찬가지입니다. 우리가 믿음의 결단을 할 때 하나님께서는 우리에게 새로운 은혜, 새로운 응답, 새로운 현장을 주십니다. 우리는 그것을 기대하는 영적 흥분 속에서 늘 생동감 넘치는 신앙생활을 해나가야 합니다.

하나님의 섭리

나오미의 남편 엘리멜렉의 친족으로 유력한 자가 있으니 그의 이름은 보아스더라 _룻기 2:1

룻기 1장의 마지막을 보면, 나오미와 룻이 베들레헴으로 돌아온 시기가 보리 추수를 시작할 때였습니다. 이는 흉년이라는 시간표가 지나가고 이제는 약속의 땅으로 돌아온 나오미와 룻에게 회복의 은혜가 임할 것을 예표하는 것입니다. 그리고 이어지는 룻기 2장 1절을 보면, 하나님께서 룻을 위해 준비하신 은혜의 통로가 나타납니다. 사실 이 부분은 이야기의 전개상 앞뒤의 문맥이 자연스럽지 않습니다.

다소 뜬금없어 보이는 이 내용이 마치 설명하듯 기록되어 있는데 그 까닭이 있습니다. 그것은 바로 하나님께서 룻의 인생을 위해 베푸실 은혜가 미리 준비되어 있었다는 것을 나타내기 위함입니다. 룻을 위해 하나님께서 준비하신 은혜의 통로가 바로 보아스였던 것입니다.

앞의 성경 말씀을 보면, 보아스에 대해 엘리멜렉의 친족으로 유력한 자라고 표현하고 있습니다. 여기서 유력하다는 것은 권세 있고 부유하다는 것을 의미합니다. 베들레헴에서 보아스는 경제적으로 부유할 뿐만 아니라 그 지방에서 선한 영향력을 입히고 있는 힘 있는 위치의 인물이었습니다. 그런데 하나님께서는 이런 보아스를 룻을 위해 예비해 놓으셨던 것입니다.

룻기의 말씀에는 이런 하나님의 놀라운 섭리가 숨겨져 있습니다. 룻기는 각 장마다 주인공이 바뀌는 것처럼 보입니다. 1장에서는 가족을 이끌고 모압 땅으로 간 엘리멜렉이나 남편과 아들을 잃은 뒤 고향으로 돌아온 나오미가 주인공인 것 같이 느껴집니다. 그리고 단순히 룻기니까 룻이 주인공이라 여겨지기도 합니다. 또 후반부로 가면 보아스가 중심인물처럼 보이기도 합니다. 하지만 룻기의 주인공은 따로 있습니다. 바로 하나님입니다. 룻기 성경 말씀의 전면에 등장하지는 않지만, 그 모든 이야기가 다 하나님 섭리 속에 진행되고 있음을 보아야 합니다. 이는 우리 삶에 있어서도 마찬가지입니다. 매 순간 하나님께서 우리 삶을 섭리하고 계신다는 의식을 가지고 있다면 그 삶이 달라집니다. 그저 말로만 하나님께서 내 삶을 인도하신다고 할 것이 아니라 우리의 인생을 주관하시는 하나님의 절대주권을 분명히 인식하고 흔들림 없이 영적 성장을 이루어 나가야 할 것입니다.

우리는 하나님께서 어떤 분이신가에 대해 분명히 알아야 합니다. 하나님은 우리에게 은혜 베풀기를 즐겨하시는 분입니다. 이를 믿으면 삶이 달라집니다. 여호와는 네게 복을 주시고 너를 지키시기를 원하며 여호와는 그의 얼굴을 네게 비추사 은혜 베푸시기를 원하며 여호와는 그 얼굴을 네게로 향하여 드사 평강 주시기를 원하노라 할지니라 하라 (민수기 6:24~26) 하나님은 이런 분이십니다. 은혜 베푸시기를 원하시고, 형통케 하기를 원하시며, 평강 주시기를 원하시는 분입니다.

유명한 설교가 스펄전 목사가 이런 고백을 했습니다.

“하나님의 은혜와 사랑이 계속되고 또 계속된다는 것을 기억하면 마음에 얼마나 큰 위로가 될까. 하나님의 선하신 섭리는 끝없이 엮인 줄과 같고, 끝을 모르는 강물과 같고, 끝없이 돌아가는 바퀴와 같고, 영원한 별빛과 같다. 하나님의 은혜를 책으로 기록한다면 그것은 속편이 끝없이 나오는 만년 연재물에 해당될 것이다.”

스펄전 목사의 이 고백처럼 하나님의 은혜는 한 권의 단편으로 끝나는 것이 아니라 시리즈로 계속됩니다. 불신자들은 행복한 일이 생겨도 그 행복이 언제 끝날까 두려워합니다. 하지만 하나님 자녀는 그렇지 않습니다. 천국 가는 그날까지 하나님의 은혜가 계속되기 때문입니다. 신앙생활을 제대로 하는 사람은 날마다 하나님 은혜를 계속해서 맛보기 때문에 생동감 있는 삶을 살게 되는 것입니다.

그렇기 때문에 어떤 면에서는 문제와 역경이 오면 오히려 더 기대하시기 바랍니다. 결과적으로는 모든 문제가 해결되고 역경을 넘어서서 승리하게 되어 있기 때문에 염려할 필요가 없습니다. 어떤 어려움이 닥쳐온다 할지라도 그것을 넘어설 은혜를 하나님께서 주십니다. 그러므로 우리는 그 은혜를 기대하는 삶을 살아가야 합니다. 이런 삶을 통해 우리는 하나님께서 베푸시는 은혜의 새 아침을 맞이하게 되는 것입니다.

은혜 입은 룻

모압 여인 룻이 나오미에게 이르되 원하건대 내가 밭으로 가서 내가 누구에게 은혜를 입으면 그를 따라서 이삭을 줍겠나이다 하니 나오미가 그에게 이르되 내 딸아 갈지어다 하매 룻이 가서 베는 자를 따라 밭에서 이삭을 줍는데 우연히 엘리멜렉의 친족 보아스에게 속한 밭에 이르렀더라 마침 보아스가 베들레헴에서부터 와서 베는 자들에게 이르되 여호와께서 너희와 함께 하시기를 원하노라 하니 그들이 대답하되 여호와께서 당신에게 복 주시기를 원

당시에는 추수할 때 떨어진 곡식들은 줍지 않고 일부러 땅에 그냥 놔두었습니다. 그러면 가난한 사람들이 가서 떨어진 이삭을 주워갔습니다. 이는 하나님께서 직접 가르치신 부분입니다. 레위기를 보면 너희가 너희의 땅에서 곡식을 거둘 때에 너는 밭 모퉁이까지 다 거두지 말고 네 떨어진 이삭도 줍지 말며 (레위기 19:9)라는 부분이 나옵니다. 이를 알고 있었던 룻이 시어머니 나오미한테, "누구에게 은혜를 입으면 그를 따라서 이삭을 줍겠나이다."라고 말했던 것입니다. 이 상황을 보면 룻의 신앙이 막연한 믿음이 아니었음을 알 수 있습니다. 그녀는 나오미를 통해 말씀에 바탕을 둔 구체적인 신앙을 가지고 있었던 것입니다.

이렇게 하나님 말씀에 근거를 둔 신앙을 가지고 있던 룻에게 하나님의 섭리가 임한 것은 어찌 보면 당연한 일이었습니다. 앞의 성경 말씀 3절을 보면 룻이 이삭을 줍다가 우연히 보아스의 밭에 들어갔다고 나옵니다. 그런데 이는 그저 단순한 우연이 아니었습니다. 이어서 4절에 바로 그 답이 나옵니다. 룻이 밭에 갔을 때 마침 보아스가 그 밭에 오게 됩니다. 룻과 보아스의 이 우연한 만남 속에는 하나님의 필연이 숨겨져 있습니다. 하나님께서 둘의 만남을 예비하셨던 것입니다. 이는 둘의 혈통을 통해 다윗왕과 메시아의 탄생을 계획하신 하나님의 필연적 사건입니다. 성경 역사에는 우연한 일이 하나도 없습니다. 모두가 하나님 계획 속에 있는 것입니다.

하나님의 은혜는 이런 방식으로 나타납니다. 우리가 보기에는 우연히 일어난 일 같아도 모든 일은 하나님께서 주권적으로 행하신 일입니다. 우리가 교회에서 예배를 드리고 직분을 맡는 것도 그냥 우연한 것이 아닙니다. 하나님께서 우리를 구원하시기 위한 계획이 있기 때문에 우리가 복음을 깨닫게 된 것이고, 하나님께서 우리를 쓰시기 위한 계획이 있기 때문에 직분을 맡게 된 것입니다. 교회에서 직분을 맡고서도 그것을 통한 하나님 계획을 깨닫지 못하면 축복을 빼앗기게 됩니다. 그 계획을 붙잡고 최선을 다해 헌신해야 인생의 기념비적인 작품을 남기게 되는 것입니다. 이는 룻의 경우를 보아도 알 수 있습니다. 하나님 말씀을 붙잡고 따라가며 하나님의 계획 안에 있었던 룻에게 하나님의 예비된 은혜가 계속해서 임합니다. 하나님께서는 보아스를 통해 룻의 삶을 인도하고 보호하셨습니다.

보아스가 룻에게 이르되 내 딸아 들으라 이삭을 주우러 다른 밭으로 가지 말며 여기서 떠나지 말고 나의 소녀들과 함께 있으라 그들이 베는 밭을 보고 그들을 따르라 내가 그 소년들에게 명령하여 너를 건드리지 말라 하였느니라 목이 마르거든 그릇에 가서 소년들이 길어 온 것을 마실지니라 하는지라 _룻기 2:8~9

보아스는 룻의 일거수일투족을 세밀하게 간섭하며 보호하여 주었습니다. 이처럼 하나님께서 우리에게 은혜를 주신다는 것은 아주 구체적으로 삶을 책임져 주신다는 것을 의미합니다. 우리가 가는 걸음걸음마다 하나님께서 인도하고 보호하여 주신다는 이 은혜를 우리가 삶 속에서 느껴야 합니다. 그러면 두려움, 염려, 걱정, 불안이 있을 수 없습니다. 영혼이 평안해지는 것입니다. 하나님 은혜 가운데 완전한 평안을 누리시기 바랍니다.

보아스가 그에게 대답하여 이르되 네 남편이 죽은 후로 네가 시어머니에게 행한 모든 것과 네 부모와 고국을 떠나 전에 알지 못하던 백성에게로 온 일이 내게 분명히 알려졌느니라 여호와께서 네가 행한 일에 보답하시기를 원하며 이스라엘의 하나님 여호와께서 그의 날개 아래에 보호를 받으러 온 네게 온전한 상 주시기를 원하노라 하는지라 룻이 이르되 내 주여 내가 당신께 은혜 입기를 원하나이다 나는 당신의 하녀 중의 하나와도 같지 못하오나 당신이 이 하녀를 위로하시고 마음을 기쁘게 하는 말씀을 하셨나이다 하니라

_룻기 2:11~13

룻이 행했던 믿음의 결단을 이미 다 알고 있었던 보아스는 그녀를 칭찬하고 위로했습니다. 남편이 죽고 고향 땅을 떠나온 룻에게 이 보아스의 위로는 모든 아픔을 씻는 치유의 메시지였습니다. 하나님께서는 보아스를 통해 치유와 회복을 전하고 계십니다. 고린도후서 1장 3~4절을 보면, 위로의 하나님께서 모든 환난 중에 있는 자들을 위로하신다고 되어 있습니다. 하나님은 우리를 위로하여 주시는 분입니다. 이 위로의 은혜를 우리가 체험하고 그것을 다시 다른 이들에게 나누는 삶을 살아야 합니다. 교회가 위로의 공동체가 되어야 하

는 것입니다. 누구든지 교회 안으로 들어오면 모든 상처를 치유 받고 회복의 은혜를 체험할 수 있도록 서로를 격려하고 세워주시기 바랍니다. 그 안에서 우리 모두가 위로와 회복의 공동체를 누릴 수 있게 될 것입니다.

은혜와 감사

'물고기의 분노'라는 글을 보면 거기 나오는 물고기가 이런 말을 합니다.

"당신들 말이야, 수족관에 나를 그렇게 키우는 거 좋다 이거야. 그런데 겨우 두 마리 넣어놓고 물레방아까지 설치하는 거는 너무 오버 아니야? 그리고 말이야, 당신들이 내 기억력이 3초라고 하는데 시간 재봤어? …그리고 말이야, 당신들이 내 기억력이 3초라고 하는데 시간 재봤어? …그리고 말이야, 당신들이 내 기억력이 3초라고 하는데 시간 재봤어?"

우리의 모습이 이 물고기와 같습니다. 마치 3초의 기억력밖에 없는 듯이 하나님께서 베풀어 주시는 은혜를 너무 쉽게 잊고 삽니다. 세상 욕심이 너무 많아서 하나님께서 베풀어 주신 것을 금세 잊어버립니다. 우리를 구원해 주신 은혜부터 시작해서 삶의 모든 것이 하나님의 은혜입니다. 하나님 은혜가 아니고서는 우리는 아무것도 할 수 없음을 알아야 합니다. 은혜 입은 자의 감사가 항상 우리 마음속에 있어야 하는 것입니다. 이 책을 읽는 여러분 모두가 은혜와 감사 속에서 주위에 선한 영적 영향력을 입혀 나가게 되시기를 예수 그리스도의 이름으로 축복합니다.

The Decision

룻

운명을 바꾼 결단

Chapter 5

기업 무르자

[1]룻의 시어머니 나오미가 그에게 이르되 내 딸아 내가 너를 위하여 안식할 곳을 구하여 너를 복되게 하여야 하지 않겠느냐 [2]네가 함께 하던 하녀들을 둔 보아스는 우리의 친족이 아니냐 보라 그가 오늘 밤에 타작 마당에서 보리를 까불리라 [3]그런즉 너는 목욕하고 기름을 바르고 의복을 입고 타작 마당에 내려가서 그 사람이 먹고 마시기를 다 하기까지는 그에게 보이지 말고 [4]그가 누울 때에 너는 그가 눕는 곳을 알았다가 들어가서 그의 발치 이불을 들고 거기 누우라 그가 네 할 일을 네게 알게 하리라 하니 [5]룻이 시어머니에게 이르되 어머니의 말씀대로 내가 다 행하리이다 하니라 [6]그가 타작 마당으로 내려가서 시어머니의 명령대로 다 하니라 [7]보아스가 먹고 마시고 마음이 즐거워 가서 곡식 단 더미의 끝에 눕는지라 룻이 가만히 가서 그의 발치 이불을 들고 거기 누웠더라 [8]밤중에 그가 놀라 몸을 돌이켜 본즉 한 여인이 자기 발치에 누워 있는지라[9]이르되 네가 누구냐 하니 대답하되 나는 당신의 여종 룻이오니 당신의 옷자락을 펴 당신의 여종을 덮으소서 이는 당신이 기업을 무를 자가 됨이니이다 하니 [10]그가 이르되 내 딸아 여호와께서 네게 복 주시기를 원하노라 네가 가난하건 부하건 젊은 자를 따르지 아니하였으니 네가 베푼 인애가 처음보다 나중이 더하도다 [11]그리고 이제 내 딸아 두

려워하지 말라 내가 네 말대로 네게 다 행하리라 네가 현숙한 여자인 줄을 나의 성읍 백성이 다 아느니라 [12]참으로 나는 기업을 무를 자이나 기업 무를 자로서 나보다 더 가까운 사람이 있으니[13]이 밤에 여기서 머무르라 아침에 그가 기업 무를 자의 책임을 네게 이행하려 하면 좋으니 그가 그 기업 무를 자의 책임을 행할 것이니라 만일 그가 기업 무를 자의 책임을 네게 이행하기를 기뻐하지 아니하면 여호와께서 살아 계심을 두고 맹세하노니 내가 기업 무를 자의 책임을 네게 이행하리라 아침까지 누워 있을지니라 하는지라 _룻기 3:1-13

하나님의 완벽한 보호

룻기는 이를 읽는 이들의 시각에 따라 다양한 해석이 존재합니다. 어느 신학자는 룻기를 일컬어 이방인이 개종을 통해서라도 하나님을 믿기만 하면 하나님 자녀가 될 수 있다는 사실을 보여 주는 구약의 사도행전이라 할 수 있다고 말했습니다. 또 다른 신학자는 보아스는 그리스도를 예표하고, 룻은 성도와 교회를 의미한다고 밝히기도 했습니다. 이렇게 다양한 해석이 존재하는데 이 해석들의 공통점이라면 어느 시각에서 보든 룻기의 이면에서 하나님의 놀라운 은혜를 볼 수 있다는 사실입니다.

앞의 챕터4를 통해서는 하나님께서 베풀어 주신 놀라운 은혜의 통로가 보아스였다는 사실을 살펴보았습니다. 룻기 2장 8절 이후를 보면, 보아스가 룻에게 "이삭을 주우러 다른 밭으로 가지 말며, 목이 마르거든 그릇에 가서 소년들이 길어 온 것을 마실지니라."라고 은혜를 베풀어 줍니다. 이런 갑작스러운 상황에서 룻이 보아스에게 "나는 이방 여인이거늘 당신이 어찌하여 내게 은혜를 베푸시며 나를 돌보시나이까?"라고 묻자 보아스는 "네 남편이 죽은 후로 네가 시어머니에게 행한 모든 것과 네 부모와 고국을 떠나 전에 알지 못하던 백성에게로 온 일이 내게 분명히 알려졌느니라."라고 답합니다. 룻이 보여 준 믿음의 결단에 감동을 받았다는 것입니다. 그리고 이방 여인이었지만 믿음의 결단을 보여 준 룻에게 보아스는 "여호와께서 네가 행한 일에 보답하시기를 원하며 이스라엘의 하나님 여호와께서 그의 날개 아래에 보호를 받으러 온 네게 온전한 상 주시기를 원하노라."라며 축복 기도를 해줍니다. 보아스의 신앙이 얼마나 좋았던지 말 한

마디마다 '여호와 하나님'으로 시작합니다. 이런 보아스의 표현대로 '여호와 하나님의 날개 아래에서 보호받는다'라는 것은 암탉이 병아리를 보호하듯 완벽한 보호를 의미합니다. 죄 많고 부족한 나를 하나님께서 완벽한 방법으로 보호하신다는 사실을 믿는 것이 바로 신앙생활입니다.

이런 신앙생활 속에서 우리는 언제나 믿음의 결단을 해야 합니다. 신앙생활은 결단과 선택의 연속입니다. 나에게 어떤 문제와 사건이 닥쳤을 때 어떤 결단을 하고 어떤 선택을 하느냐에 따라 하나님의 상급이 주어지기도 하고 그렇지 않기도 합니다. 룻이 왜 이렇게 성경에 기록될 정도로 유명한 이방인이 되었을까요? 바로 믿음의 결단을 했기 때문입니다. 보아스가 룻을 보호하는 이유도 바로 룻이 보여준 믿음의 결단 때문입니다. 그렇기 때문에 우리도 신앙생활을 하면서 항상 믿음의 결단과 선택을 해야 하는 것입니다. 그런 삶 속에 하나님의 세밀한 인도와 보호 그리고 충만한 은혜가 임하게 된다는 사실을 반드시 깨달으시기 바랍니다.

말씀 따라가는 룻

룻의 시어머니 나오미가 그에게 이르되 내 딸아 내가 너를 위하여 안식할 곳을 구하여 너를 복되게 하여야 하지 않겠느냐 _룻기 3:1

앞의 성경 말씀은 룻기 2장 17절 이후에서부터 계속 이어지는 내용입니다. 룻기 2장 17절을 보면, 룻이 보아스가 베풀어 준 은혜로 밭에서 이삭을 주웠는데 그것이 한 에바쯤 되었다고 표현합니다. 이는 지금으로 치면 20kg 정도에 해당합니다. 이 정도면 룻과 나오미가 꽤 오래 먹을 수 있는 양입니다. 이렇게 많은 보리를 가져오자 나오미가 룻에게 어디서 일을 했는지, 누가 돌보아 준 것인지를 물었습니다. 룻이 보아스라고 답하자 나오미는 그가 복 받기를 기원하고는 "그 사람은 우리와 가까우니 우리 기업을 무를 자 중의 하나이니라." 라고 말했습니다. 그러면서 나오미가 밝힌 것이 앞의 성경 말씀에서 나오는 부분입니다.

나오미는 룻을 위하여 안식할 곳을 구하겠다는 계획을 세웠습니다. 이 계획의 핵심이 바로 자기 가문의 기업 무를 자 중의 하나인 보아스를 룻과 결혼시키는 것이었습니다. 다음의 성경 말씀을 보면 아주 구체적으로 실행 계획을 세워 룻에게 설명합니다.

네가 함께 하던 하녀들을 둔 보아스는 우리의 친족이 아니냐 보라 그가 오늘 밤에 타작 마당에서 보리를 까불리라 그런즉 너는 목욕하고 기름을 바르고 의복을 입고 타작 마당에 내려가서 그 사람이 먹고 마시기를 다 하기까지는 그에게 보이지 말고 그가 누울 때에 너는 그가 눕는 곳을 알았다가 들어가서 그의 발치 이불을 들고 거기 누우라 그가 네 할 일을 네게 알게 하리라 하니 _룻기 3:2~4

이는 마치 결혼식을 앞둔 신부의 단장과도 같은 모습입니다. 나오미의 이 실행 계획은 단순히 그녀의 머리에서 나온 것이 아닙니다. 이 계획의 바탕에는 '기업 무를 자'라는 언약 사상이 있었습니다. 레

위기 25장을 보면 하나님께서 친히 이 '기업 무를 자' 사상에 대해 말씀하고 계십니다. 나오미는 이 언약 사상에 따라 계획을 설계하고 디자인한 것입니다.

우리의 삶도 이와 같습니다. 어떤 것을 붙잡고 우리의 삶을 설계하고, 편집하고, 디자인하느냐에 따라 우리의 삶은 천양지차로 달라집니다. 말씀을 제대로 붙잡고 그것을 자기 것으로 만들어 편집하고, 설계하고, 디자인하는 사람은 살아가는 내용이 달라집니다. 하지만 창세기 3장의 자기중심, 6장의 물질 중심, 11장의 세상 성공 중심으로 자기 인생을 설계하면 결국 다 무너지는 바벨탑 인생이 됩니다. 믿음에 기반이 되어 있지 않기 때문에 언제 무너질지 모르는 모래 위의 집과 같은 것입니다. 우리는 무엇을 바탕으로 인생을 설계해야 할까요? 바로 사도행전 1장 1절, 3절, 8절 말씀을 붙잡고 인생을 설계해야 합니다. 복음 중심으로 인생을 편집하여, 생명 살리는 디자인을 해야 하는 것입니다. 그래야 삶이 견고하고 흔들림이 없게 됩니다. 이렇게 흔들리지 않는 삶을 사는 사람을 하나님께서 평강으로 인도하신다는 사실을 반드시 깨달으시기 바랍니다.

룻이 시어머니에게 이르되 어머니의 말씀대로 내가 다 행하리이다 하니라
그가 타작 마당으로 내려가서 시어머니의 명령대로 다 하니라 _룻기 3:5~6

룻은 나오미의 이 언약적 설계에 대해 일언반구도 하지 않고 즉시 순종했습니다. 곧바로 실행에 옮겼던 것입니다. 룻은 하나님 말씀에 대한 분명한 확신이 있었기 때문에 말씀을 따라가는 데 주저함이 없었습니다. 하나님께서 나오미를 통해 말씀하신 것을 그대로 붙잡고 순종했던 것입니다.

룻은 나오미의 언약적 설계에 따라 보아스가 자고 있던 곳으로 들어가 발꿈치 밑에 가만히 누워 있었습니다. 그러다가 보아스가 놀라 일어나 누구냐고 물으니 룻은 "나는 당신의 여종 룻이오니 당신의 옷자락을 펴 당신의 여종을 덮으소서 이는 당신이 기업을 무를 자가 됨이니이다."라고 답합니다. 이는 아주 절묘한 표현입니다. 앞서 보아스는 "여호와께서 그의 날개 아래에 보호를 받으러 온 네게 온전한 상 주시기를 원하노라."라고 룻을 축복했었습니다. 룻이 말하는 '옷자락'과 보아스가 말했던 '날개'는 모두 히브리어로 '카나프'라고 합

니다. 그러니까 '보아스의 옷자락'이 '여호와의 날개'라는 의미인 것입니다. 이처럼 룻은 하나님의 축복을 사실적으로 붙잡고 있었고 이것을 지금 보아스에게 인식시켰습니다. 보아스 역시 '기업 무를 자' 언약 사상에 대해 잘 알고 있었고 그렇기 때문에 룻을 존귀하고 정중하게 여기며, 합법적인 절차를 거쳐 그녀의 요청을 이행하겠다는 약속을 합니다.

신앙생활에는 이렇게 룻과 같은 저돌적인 영적 자세가 필요합니다. 어떤 목표를 달성하기 위해서 돌진하는 자세, 영적 대시(dash)가 있어야 하는 것입니다. 강단에서 메시지가 선포되면 좌고우면하지 않고 믿음의 직진을 해야 합니다. 여러분, 강단 말씀을 붙잡고 언약적 대시를 하시기 바랍니다. 그래야만 언약 성취의 주역이 될 수 있다는 사실을 반드시 깨달아야 합니다.

기업 무를 보아스

우리가 룻기에서 중요하게 보아야 할 사상이 있는데, 바로 '기업 무를 자' 사상입니다. 이 사상은 메시아로 오시는 그리스도 계보에 있어서 중대한 역할을 합니다. '기업 무를 자'는 히브리어로 '고엘'이라고 하는데 여기에는 '되찾다, 무르다, 구속하다'라는 뜻이 있습니다. 영어로는 kinsman-redeemer로 번역하는데 kinsman은 친족, redeemer는 구속자를 뜻합니다. 다시 말해 '친족으로서 구속하여 주는 자'를 말하며 이를 풀이하자면, 나의 친척으로서 나를 위해 값비싼 대가를 치르고 나의 삶을 새롭게 해 줄 수 있는 구속자를 의미하는 것입니다. 이 제도는 당시 유대 사회에서 하나님으로부터 받은 기업을 영구히 보존하고 혈족을 유지하면서 약자를 보호하는 등의 역할을 했습니다.

이 제도에서 중요한 것은 기업 무를 자의 자격입니다. 기업 무를 자가 되려면 세 가지 자격 요건을 갖춰야 했습니다. 첫째는 그 사람과 친족 관계여야 한다는 것입니다. 가까운 친척일수록 우선권이 있었습니다. 둘째는 유력자여야 한다는 것입니다. 유력자란 값을 치를 능력이 있는 사람을 의미합니다. 룻기 2장 1절을 보면, "엘리멜렉의 친족 중 유력한 자가 있으니 이름은 보아스더라."라고 나옵니다. 그러니 보아스는 이 두 가지 조건을 충족하는 사람이었습니다. 그리고 마지막 조건은 자원하는 사람이어야 한다는 것입니다. 아무리 친족이고 유력자라 해도 그 일을 하고자 하는 마음이 없으면 구속자가 될 수 없었습니다. 룻기 3장 12~13절을 보면, 보아스도 기업 무를 자가 되고자 자원하는 마음이 있었습니다. 다만 엘리멜렉 집안에 보아스보다 더 가까운 친척이 있었기 때문에 보아스는 일단 그의 의향을 들어보고 나서 기업 무를 자가 되겠다고 답했습니다. 이와 관련한 자세한 이야기는 다음 챕터에서 다루도록 하겠습니다.

우리는 이 기업 무를 자 사상을 인류 구원의 구속사 성취의 관점에서 바라보아야 합니다. 모든 인간은 창세기 3장 사건으로 인해 범죄하여 하나님을 떠나 죄 가운데서 사탄의 종노릇을 하며 살아갑니다. 이는 하나님께서 주신 기업을 잃어버렸다는 것을 의미합니다. 우리가 죄로 인해 기업을 상실했기 때문에 예수 그리스도께서 우리의 기업 무를 자로 오셨습니다. 하나님께서 주신 기업을 회복시켜 주시기 위해 예수 그리스도께서 이 땅에 오신 것입니다. 예수님께서는 기업 무를 자의 자격을 완벽하게 갖추고 계셨습니다. 첫째 조건, 예수님께서는 우리와 친족 관계에 있습니다. 거룩하게 하시는 이와 거룩하게 함을 입은 자들이 다 한 근원에서 난지라 그러므로 형제라 부르시기를 부끄러워하지 아니하시고 (히브리서 2:11) 예수님께서는 우리의 형제로서 이 땅에 성육신하셨습니다. 우리와 예수님은 영적 형제인 것입니다. 둘째 조건, 예수님께서는 구속의 능력을 소유하고 계십니다. 구속의 값을 치를 수 있는 유력자인 것입니다. 아무 죄 없이, 흠 없이 이 땅에 오신 예수님만이 죄 문제를 해결할 수 있는 유일한 자격을 갖추고 계십니다. 마지막 조건, 예수님께서는 우리를 구속하시기 위해 자원하셨습니다. 하나님이여 보시옵소서 두루마리 책에 나를 가리켜 기록된 것과 같이 하나님의 뜻을 행하러 왔나이다 (히브리서 10:7) 예수님께서는 마음만 먹으면 얼마든지 십자가 처형을 피하실 수 있었습니다. 하지만 우리를 구속하시기 위해 자원하여 십자가를 지셨습니다. 예수님께서는 우리의 기업 무를 자가 되셔서 우리에게 영원한 천국을 기업으로 회복시켜 주신 것입니다.

그러므로 예수 그리스도를 영접하는 자는 하나님 자녀로서 천국 기업을 받게 되는 것입니다. 우리는 이런 재창조의 축복 속에 있는 존재입니다. 원래는 마귀의 자식이었지만 하나님 백성으로 다시 태어났습니다. 예수 그리스도를 믿는 순간 이렇게 거듭난 것입니다. 그렇다면 이제는 우리가 현장에서 영적 영향력을 입히는 존재가 되어야 합니다. 보아스를 통해 룻의 문제가 해결되었듯이 우리도 현장에서의 만남 속에서 예수 그리스도라는 인생 최고의 해답을 전해야 하는 것입니다. 여러분 모두가 이렇게 전도자로서의 새로운 삶이 시작되기를 바랍니다.

하나님과의 언약적 소통

「소통형 인간」이라는 책을 보면, “통하지 않으면 통이 온다.”라는 말이 있습니다. 앞의 통은 통할 통(通)이고 뒤의 통은 아플 통(痛)입니다. 소통이 되지 않으면 고통이 온다는 뜻입니다. 이는 영적으로도 마찬가지입니다. 우리가 하나님과의 소통에 게으르면 고통스러운 삶을 살게 됩니다. 영혼이 불안해지고 삶에 불평, 불만이 많아지게 되기 때문에 매사에 부정적입니다. 늘 걱정과 염려 속에 있다면 그것이 바로 하나님과 소통이 되지 않는다는 증거입니다. 소통이 잘 이루어지는 사람은 물이 흐르듯 모든 것이 형통케 됩니다. "항상 기뻐하라. 쉬지 말고 기도하라. 범사에 감사하라." 이것이 하나님과 소통하는 사람의 모습입니다.

룻과 보아스의 가장 큰 특징이 무엇입니까? 바로 하나님과 소통이 된다는 것입니다. 언약과 소통이 이루어져야 기업 무를 자의 언약 성취를 이루게 됩니다. 언약이 삶의 중심이 되어야 언약 성취의 자리로 나아갈 수 있는 것입니다. 여러분, 하나님과의 언약적 소통이 여러분의 영적 플랫폼이 되어야 한다는 사실을 반드시 깨달으시기 바랍니다. 이를 통해 독자 여러분이 하나님과 영적 소통을 이루며 언약 성취의 주역이 되시기를 예수 그리스도의 이름으로 축복합니다.

룻

The Decision

운명을 바꾼 결단

Chapter 6

생명의 회복자

[13]이에 보아스가 룻을 맞이하여 아내로 삼고 그에게 들어갔더니 여호와께서 그에게 임신하게 하시므로 그가 아들을 낳은지라[14]여인들이 나오미에게 이르되 찬송할지로다 여호와께서 오늘 네게 기업 무를 자가 없게 하지 아니하셨도다 이 아이의 이름이 이스라엘 중에 유명하게 되기를 원하노라 [15]이는 네 생명의 회복자이며 네 노년의 봉양자라 곧 너를 사랑하며 일곱 아들보다 귀한 네 며느리가 낳은 자로다 하니라 [16]나오미가 아기를 받아 품에 품고 그의 양육자가 되니 [17]그의 이웃 여인들이 그에게 이름을 지어 주되 나오미에게 아들이 태어났다 하여 그의 이름을 오벳이라 하였는데 그는 다윗의 아버지인 이새의 아버지였더라 [18]베레스의 계보는 이러하니라 베레스는 헤스론을 낳고 [19]헤스론은 람을 낳았고 람은 암미나답을 낳았고 [20]암미나답은 나손을 낳았고 나손은 살몬을 낳았고 [21]살몬은 보아스를 낳았고 보아스는 오벳을 낳았고 [22]오벳은 이새를 낳고 이새는 다윗을 낳았더라 _룻기 4:13~22

신앙의 여정

룻기는 네 장으로 된 짧은 말씀이지만 우리가 신앙생활을 어떻게 해야 하는지에 대해 아주 일목요연하게 묘사되어 있습니다. 각 장마다 핵심 단어가 있는데 그 단어를 추려 보면 우리가 앞으로 걸어가야 할 신앙의 여정을 그대로 나타내고 있습니다.

룻기 1장의 핵심 단어는 '고통'입니다. 고향을 떠나 모압으로 갔던 나오미가 그곳에서 모든 것을 잃고 다시 베들레헴으로 돌아올 때 그녀는 모압에서의 삶을 '마라'라고 표현했습니다. 이 '마라'가 바로 '고통'이란 뜻입니다. 흉년을 피해 상대적으로 풍족한 땅인 모압으로 떠났지만, 자신의 계산이나 계획과는 달리 완전히 고통만 당하고 왔다는 것입니다. 이것이 무엇을 의미하는 것일까요? 창세기 3장 사건으로 하나님을 떠나 죄 가운데 사탄의 종노릇을 하면서 세상 풍습대로 살아가는 불신자의 상태를 가리키는 것입니다. 불신자의 삶이 바로 고통 그 자체라는 사실을 우리가 볼 수 있어야 합니다.

2장의 핵심 단어는 '은혜'입니다. 믿음의 결단을 하고 베들레헴으로 온 룻에게 하나님의 은혜가 임했습니다. 고통스러운 인생에 소망이 생겼던 것입니다. 하나님께서 예비하신 은혜의 통로는 바로 보아스였습니다. 이 보아스는 예수 그리스도를 예표합니다. 우리가 예수 그리스도를 통해 모든 고통에서 벗어나 하나님의 은혜를 체험하게 됨을 나타내는 것입니다. 이 은혜는 바로 영생의 축복입니다. 예수 그리스도를 통해 영원한 생명이라는 인생의 해답을 얻게 되는 것입니다. 이 영생의 축복과 함께 우리는 모든 죄와 저주에서 벗어나 완전한 자유와 해방을 누리게 됩니다. 이에 대해 성경은 그러므로 이제 그리스도 예수 안에 있는 자에게는 결코 정죄함이 없나니 이는 그리스도 예수 안에 있는 생명의 성령의 법이 죄와 사망의 법에서 너를 해방하였음이라 (로마서 8:1~2)라고 말씀하고 있습니다. 영생은 바로 예수 그리스도를 통해 하나님께서 주시는 은혜의 선물인 것입니다.

3장의 핵심 단어는 '안식'이라고 할 수 있습니다. 룻은 보아스와의 만남을 통해 참된 안식을 얻었습니다. 마찬가지로 예수 그리스도를 만난 이의 삶에 주어지는 가장 큰 축복도 바로 평안과 안식입니다. 참 평안, 참 안식은 예수 그리스도를 믿는 사람만이 갖는 특권입니다. 예수 그리스도를 통해 모든 죄와 저주에서 해방되었기 때문에 참된 평안과 안식을 얻을 수 있는 것입니다.

4장의 핵심 단어로는 '찬송'을 꼽을 수 있습니다. 하나님께서 베푸신 은혜를 생각하면 감사와 기쁨 속에서 찬송이 나올 수밖에 없습니다. 찬송은 하나님을 영화롭게 하는 행위입니다. 그렇기 때문에 우리 입에서 찬송이 끊이지 않아야 합니다. 찬송으로 삶 속에서 기쁨을 누리며 늘 하나님께 영광 돌리는 삶을 살아가시기 바랍니다.

이렇게 룻기는 고통으로 시작해서 찬송이 넘치는 해피엔딩으로 마무리됩니다. 이 룻기를 통해 우리가 붙잡아야 할 영적 정체성이 있습니다. 바로 이번 마지막 챕터의 제목인 '생명의 회복자'입니다. 우리는 어떤 상황 속에서도 생명을 회복시키는 삶을 살아야 합니다. 현장에서 죽어가는 이들을 복음으로 치유하고 구원하는 생명의 회복자라는 영적 자긍심을 가져야 하는 것입니다. 이것이 우리가 누려야 할 진정한 신앙생활의 모습입니다.

가치 있는 선택

룻기 4장에서는 보아스가 '기업 무를 자'로서의 역할을 감당하는 과정이 시작됩니다. 기업을 무른다는 것은 두 가지 관점이 있습니다. 하나는 자손이 끊긴 가문의 대를 이어주는 것이고, 다른 하나는 가문의 기업을 되찾아주는 것입니다. 보아스는 이 두 가지를 모두 회복시키고자 했습니다.

그런데 한 가지 문제가 있었습니다. 기업 무를 자의 자격은 가까운 친척에게 우선순위가 있었습니다. 그래서 보아스는 우선순위가 있는 더 가까운 친척에게 기업 무를 자가 될 것인지 물었습니다. 그는 처음에는 자신이 기업 무를 자가 되겠다고 했습니다. 나오미가 소유하던 땅을 자신이 값을 치르고 가지려던 생각 때문에 그런 대답을 했던 것입니다. 하지만 나오미의 며느리인 이방 여인 룻과 결혼하여 그 집안의 대를 이어줘야 한다고 하자 그것은 거절했습니다. 그의 거절 덕분에 결국 보아스는 기업 무를 자가 될 수 있었고 기쁨으로 그 역할을 감당했습니다.

보아스가 장로들과 모든 백성에게 이르되 내가 엘리멜렉과 기룐과 말론에게 있던 모든 것을 나오미의 손에서 산 일에 너희가 오늘 증인이 되었고 또 말론의 아내 모압 여인 룻을 사서 나의 아내로 맞이하고 그 죽은 자의 기업을 그의 이름으로 세워 그의 이름이 그의 형제 중과 그 곳 성문에서 끊어지지 아니하게 함에 너희가 오늘 증인이 되었느니라 하니 _룻기 4:9~10

기업 무를 자의 우선순위에 있던 이가 그 의무를 보아스에게 넘기자 보아스는 그것을 성실하게 수행했습니다. 보아스는 자신에게 주어진 의무를 수행하는 데 주저함이 없었습니다. 그것이 하나님의 계획이라는 사실을 알고 있었기 때문입니다. 당시 기업 무를 자 사상의 가장 중요한 핵심이 바로 모든 것은 하나님께 속해 있다는 것이었습니다. 보아스는 하나님 중심의 삶을 살았습니다. 그는 하나님께서 원하시는 것이라면 어떤 희생이 따르더라도 즐겁게 받아들이겠다는 생각을 갖고 있었습니다. 그렇기 때문에 아무런 갈등 없이 하나님 계획에 따르는 선택을 한 것입니다.

룻기를 보면 이 기업 무를 자의 의무를 보아스에게 넘긴 이를 '아무개'라고 표현하고 있습니다. 얼마나 무가치한 선택을 한 의미 없는 존재였던지 이름조차 밝히고 있지 않습니다. 우리는 이런 아무개의 삶이 아니라 보아스처럼 가치 있는 선택을 하는 삶을 살아야 합니다. 물질적으로, 시간적으로 뭔가 손해를 보는 것만 같을 때 그것을 택하기란 쉽지 않습니다. 하지만 하나님 일을 하는 데 있어서는 보아스와 같은 선택을 해야 합니다. 하나님의 일을 하는 영적 청지기로서 하나님 계획을 따라가야 하는 것입니다. 눈앞에 보이는 육신적인 손해를 감수하고 하나님 뜻에 따른 선택을 할 때 우리는 기념비적인 축복을 받게 됩니다. 영적 청지기는 선택의 순간에 갈등할 이유가 없습니다. 모든 것이 하나님의 것이기 때문입니다. 이런 본질적 인식을 하고 있으면 아무런 갈등 없이 진정 가치 있는 선택을 할 수 있게 됩니다. 다윗은 성전을 건축할 준비를 마치고는 이런 고백을 했습니다. 우리 하나님이여 이제 우리가 주께 감사하오며 주의 영화로운 이름을 찬양하나이다 나와 내 백성이 무엇이기에 이처럼 즐거운 마음으로 드릴 힘이 있었나이까 모든 것이 주께로 말미암았사오니 우리가 주의 손에서 받은 것으로 주께 드렸을 뿐이니이다 (역대상 29:13~14) 주님께서 주신 것을 주님께 드렸을 뿐이라는 것입니다. 이 고백이 우리의 고백이 되어야 하겠습니다.

멋있는 사람에 대한 열 가지 정의라는 것이 있습니다.

첫째, 할 수 있습니다. 긍정적인 사람

둘째, 제가 하겠습니다. 능동적인 사람

셋째, 무엇이든지 도와드리겠습니다. 적극적인 사람

넷째, 기꺼이 해 드리겠습니다. 헌신적인 사람

다섯째, 잘못된 것은 즉시 고치겠습니다. 겸허한 사람

여섯째, 참 좋은 말씀입니다. 수용적인 사람

일곱째, 이렇게 하면 어떨까요? 협조적인 사람

여덟째, 대단히 고맙습니다. 감사할 줄 아는 사람
아홉째, 도울 일이 없습니까? 여유 있는 사람
열째, 제가 할 일이 무엇입니까? 일을 찾아서 할 수 있는 사람

보아스가 살았던 삶과 동일한 내용을 담고 있는 글입니다. 우리도 이런 삶을 통해 "역시 멋있는 사람이야, 하나님 믿는 사람은 역시 달라."라는 말을 들어야 합니다. 그것이 곧 하나님 영광을 나타내는 삶이 되는 것입니다.

생명 살리는 디자인

이에 보아스가 룻을 맞이하여 아내로 삼고 그에게 들어갔더니 여호와께서 그에게 임신하게 하시므로 그가 아들을 낳은지라 _룻기 4:13

언약 성취의 관점에서 보자면 이 성경 말씀 한 구절을 위해 룻기의

모든 사건이 일어났다고 해도 과언이 아닙니다. 이 말씀에 나오는 룻의 아들이 바로 다윗의 조부입니다. 룻이 낳은 아들이 언약적 혈통을 잇게 되는 것입니다. 이런 놀라운 은혜의 축복은 하나님의 뜻과 계획 가운데서 차근차근 이루어졌습니다. 룻이 그냥 아들을 낳은 것이 아닙니다. 앞의 성경 말씀을 보면, 여호와께서 그에게 임신하게 하셨다고 나옵니다. 하나님의 전적인 간섭이 있었음을 알 수 있습니다. 결국 보아스와 룻의 가정은 하나님 뜻을 이루는 가정이 된 것입니다. 보아스와 룻의 만남은 하나님의 역사 속에서 일어난 일이며, 언약 성취의 주체는 결국 하나님입니다. 룻기의 흐름을 보면 모든 것이 하나님의 손에 의해 움직이고 있음을 알 수 있습니다. 우리 인생을 주관하고 인도하실 분이 하나님이라는 사실을 우리가 분명히 깨달아야 합니다.

이러한 하나님의 섭리를 나타내는 핵심 단어가 바로 '마침'입니다. 보아스가 성문으로 올라가서 거기 앉아 있더니 마침 보아스가 말하던 기업 무를 자가 지나가는지라 (룻기 4:1) 이 성경 말씀에 나오는 '마침'을 주목해야 합니다. 이는 모든 것이 우연히 일어난 일이 아니라 하나님 섭리 속에 있는 필연임을 나타내는 단어입니다. 하나님 자녀에게는 우연이란 없습니다. 모든 것이 필연입니다. 우리 인생의 주관자 되시는 하나님의 절대 주권에 대한 분명한 믿음을 가져야 합니다. 그래야만 문제와 사건 앞에서 실망하거나 좌절하지 않습니다. 모든 것이 하나님께서 하시는 일이라는 믿음이 있다면 원망하고 불평하지 않게 됩니다. 문제와 사건 앞에서 당당한 믿음의 도전을 할 수 있는 힘을 하나님께서 우리에게 주신다는 사실을 분명히 깨달으시기 바랍니다.

여인들이 나오미에게 이르되 찬송할지로다 여호와께서 오늘 네게 기업 무를 자가 없게 하지 아니하셨도다 이 아이의 이름이 이스라엘 중에 유명하게 되기를 원하노라 이는 네 생명의 회복자이며 네 노년의 봉양자라 곧 너를 사랑하며 일곱 아들보다 귀한 네 며느리가 낳은 자로다 하니라 _룻기 4:14~15

하나님께서 보아스와 룻에게 허락하신 아들 오벳은 모든 사람에게 기쁨을 주고 축복이 되는 존재였습니다. 대가 끊기고 가문의 기업을 잃게 되는 상황에서 엘리멜렉 가문을 다시 일으키는 역할을 한 것이 오벳입니다. 고통의 쓴맛을 겪었던 나오미에게 있어서 오벳은 큰 위로와 즐거움이었습니다. 그리고 룻에게는 한없는 하나님 사랑의 증표가 되었습니다.

앞의 성경 말씀을 보면, '생명의 회복자'라는 표현이 있습니다. 우리는 이를 영적으로 보아야 합니다. 그저 단순히 한 가문을 일으켜 세우는 수준을 넘어 진정한 생명의 회복자가 되는 이는 누구일까요? 바로 영원한 생명을 회복시켜 주신 예수 그리스도입니다. 예수 그리스도로 인해 절망, 좌절, 고통이 변화되어 희망과 생명의 새 역사가 시작되는 것입니다. 우리도 생명을 회복시키는 삶을 살아가야 합니다. 현장에서 생명이신 그리스도를 전함으로써 죽어가는 영혼들을 회복시키는 생명의 회복자가 되어야 하는 것입니다.

귀하게 쓰임 받는 생명의 회복자

베레스의 계보는 이러하니라 베레스는 헤스론을 낳고 헤스론은 람을 낳았고

람은 암미나답을 낳았고 암미나답은 나손을 낳았고 나손은 살몬을 낳았고 살몬은 보아스를 낳았고 보아스는 오벳을 낳았고 오벳은 이새를 낳고 이새는 다윗을 낳았더라 _룻기 4:18~22

룻기는 이렇게 다윗의 계보로 마무리됩니다. 성경에 이렇게 계보가 기록되어 있는 경우가 종종 있는데 이는 새로운 시대가 열린다는 암시입니다. 민수기를 보면 전쟁에 나서는 이들의 이름이 나열되는데 이는 가나안 땅 정복에 대한 신호였습니다. 그리고 마태복음 1장에 나오는 예수님의 족보는 이제 메시아 시대가 시작된다는 알림이었습니다.

룻기에 나오는 이 계보도 마찬가지입니다. 룻기는 사사기와 사무엘상 사이에 위치합니다. 사사기는 영적으로 암흑시대였습니다. 이제 이런 영적 암흑기가 끝나고 사무엘서에 등장하는 다윗의 시대가 열린다는 신호였던 것입니다. 그리고 마태복음 1장 1절에 '다윗의 자손 예수 그리스도'라는 표현에서 보듯, 다윗의 시대가 시작된다는 것은 곧 예수 그리스도를 통해 열리는 메시아 시대, 구원의 시대가 이제 도래했다는 암시이기도 했습니다.

게다가 이 계보는 언약 성취를 위한 것이기 때문에 매우 큰 의미가 담겨있기도 했습니다. 이 계보를 보면 구성 인물이 독특합니다. 베레스는 다말이 당시 계대 사상에 따라 대를 잇기 위해 시아버지 유다의 사이에서 낳은 아들이었고, 보아스의 어머니 라합은 기생 출신의 이방 여인이었습니다. 그런데도 이들이 메시아의 계보에 들어가 있습니다. 인간적으로 보기에는 적합하지 않은 인물들이었고 도저히 용납하기 힘든 상황입니다. 하지만 우리는 이 안에 담긴 영적 의미를 보아야 합니다. 그 사람의 모습과 형편이 어떠하든 하나님의 은혜를 입은 이는 구속사에 귀하게 쓰임 받는다는 사실입니다.

우리가 누구입니까? 우리는 하나님 자녀입니다. 하나님 자녀에게는 특권이 있습니다. 자녀가 부모의 재산을 물려받듯 우리는 하나님 나라를 기업으로 받은 존재입니다. 우리를 우리 자체의 모습으로만 보아서는 안 됩니다. 우리 안에 있는 예수 그리스도를 보아야 합니다. 우리 안에 있는 예수 그리스도께서 우리를 생명의 회복자가 될 수 있게 만드셨습니다. 언약만 붙잡고 있으면 우리는 기념비적인 쓰임을 받게 됩니다. 모든 독자 여러분이 하나님의 일에 귀하게 쓰임 받는 생명의 회복자가 되시기를 예수 그리스도의 이름으로 축복합니다.

펴낸날 초판 1쇄 2021년 11월 15일
지은이 정은주
펴낸이 지무룡
펴낸곳 가스펠북스
기획 배성원
디자인 DALGROO
출판등록 109-91-93560
주소 서울시 강서구 화곡로 63길 65, 101호
전화 02-2657-9724
팩스 02-2657-9719
홈페이지 www.iyewon.org
값 7,000원

ISBN 979-11-973512-5-9(03230)

운명을 바꾼 결단

가스펠 북스

어머니께서 가시는 곳에 나도 가고 어머니께서 머무시는 곳에서
나도 머물겠나이다 어머니의 백성이 나의 백성이 되고 어머니의
하나님이 나의 하나님이 되시리니 어머니께서 죽으시는 곳에서
나도 죽어 거기 묻힐 것이라 _룻기 1:16~17